イラスト図解ですっきりわかる理科

鳴川哲也・山中謙司
寺本貴啓・辻　健 著

東洋館出版社

はじめに

「理科という教科はどのような教科なのか」

この問いに対する答えは様々だと思いますが、過去の学習指導要領を遡ることで、その答えの一つが見えてきます。

日本の理科教育は、昭和22年に発行された『学習指導要領・理科編（試案）』に始まります。学習指導要領は、時代の変化や子供たちを取り巻く状況、社会の要請等を踏まえ、おおよそ10年ごとに改訂が行われてきました。

このような歴史の中で、小学校理科が一貫して大切にしてきたことは「子供の問題解決」と言えるのではないでしょうか。先の問いに答えるならば、「理科という教科は子供の問題解決を大切にしてきた教科である」ということなのです。

そして、新しい小学校学習指導要領は、2020年4月1日から全面実施されることになっています。今回の改訂では、知・徳・体にわたる「生きる力」を子供たちに育むために「何のために学ぶのか」という各教科等を学ぶ意義を共有しながら、全ての教科等の目標及び内容を「知識及び技能」、「思考力、判断力、表現力等」、「学びに向かう力、人間性等」の三つの柱で整理しました。これにより、育成を目指す資質・能力が明確になったのです。

この「資質・能力」というキーワードの他にも、「見方・考え方」、「主体的・対話的で深い学び」、「カリキュラム・マネジメント」、「社会に開かれた教育課程」など、重要なキーワードがあります。この学習指導要領が、学校のみならず、家庭、地域の関係者が幅広く共有し活用できる「学びの地図」としての役割を果たすためには、これらのキーワードの意図するところをしっかりと理解する必要があるのです。

そこで、新学習指導要領の理科が目指しているものができるだけ分かりやすく伝わるように、「イラスト図解」という形で本書を作成いたしました。本書を手に取ってくださった読者の方々にとって、明日からの理科授業の質を高める一助になれば幸いです。

2019年1月吉日　鳴川　哲也

もくじ

第4章 授業づくりのQ&A

第1章

新学習指導要領のキーワード

キーワードに沿って、新しい学習指導要領の目標と内容を読み解いてみましょう。
これからの理科教育に求められているものが見えてくるはずです。

第1節　目標はどう変わった？

目標1　「資質・能力」
- 1-1「知識及び技能」
- 1-2「思考力、判断力、表現力等」①②③④
- 1-3「学びに向かう力、人間性等」

目標2　「理科の見方・考え方」

目標3　「働かせる」

第2節　内容はどう読み取ればいい？

見方・考え方1　「見方」
- 1-1「量的・関係的」
- 1-2「質的・実体的」
- 1-3「共通性・多様性」
- 1-4「時間的・空間的」

見方・考え方2　「考え方」
- 2-1「比較する」
- 2-2「関係付ける」
- 2-3「条件を制御する」
- 2-4「多面的に考える」

目標はどう変わった？

平成28年12月の中央教育審議会「幼稚園、小学校、中学校、高等学校及び特別支援学校の学習指導要領等の改善及び必要な方策等について（答申）」（以下、「答申」）には、新しい学習指導要領の方向性が示されています。

重要なポイントは、次の3点です。

・予測困難な社会の変化に主体的に関わり、感性を豊かに働かせながら、どのような未来を創っていくのかを考え、自らの可能性を発揮し、よりよい社会や幸福な人生の創り手となる力を身に付けられるようにすること

・こうした力は学校教育が長年その育成を目指してきた「生きる力」であることを改めて捉え直し、学校教育がしっかりとその強みを発揮できるようにしていくこと

・汎用的な能力の育成を重視する世界的な潮流を踏まえつつ、知識及び技能と思考力、判断力、表現力等をバランスよく育成してきた我が国の学校教育の蓄積を生かしていくこと

これらのポイントを踏まえ、教育課程全体を通して育成を目指す資質・能力が、下図の三つの柱で整理されています。

資質・能力の三つの柱

小学校理科の目標

とっても大切だから、
よく読んでね！

自然に親しみ①、理科の見方・考え方を働かせ②、見通しをもって観察、実験を行うことなどを通して③、自然の事物・現象についての問題を科学的に解決するために必要な資質・能力を次のとおり育成することを目指す。

知識及び技能 (1) 自然の事物・現象についての理解を図り、観察、実験などに関する基本的な技能を身に付けるようにする。

思考力、判断力、表現力等 (2) 観察、実験などを行い、問題解決の力を養う。

学びに向かう力、人間性等 (3) 自然を愛する心情や主体的に問題解決しようとする態度を養う。

①自然に親しみ
②理科の見方・考え方を働かせ
③見通しをもって観察、実験を行うことなどを通して

(1)(2)(3)の資質・能力の育成を目指す

この整理に伴い、小学校理科の目標の示し方も大きく変わりました。

では、どのように変わったのか見てみましょう。

目標には、小学校理科においてどのような資質・能力の育成を目指しているのかが簡潔に示されています。

初めに、どのような学習の過程を通して資質・能力を育成するのかが示されています。**「自然に親しむこと」「理科の見方・考え方を働かせること」「見通しをもって観察、実験などを行うこと」**がそれに当たります。

続いて(1)には、資質・能力のうち**「知識及び技能」**が、(2)には**「思考力、判断力、表現力等」**が、(3)には**「学びに向かう力、人間性等」**が示されています。

なお、自然の事物・現象についての問題を科学的に解決するために必要な資質・能力である(1)(2)(3)は、相互に関連し合うものであり、この順番どおりに育成するものではありません。

この目標で示されているキーワードのうち、特に「資質・能力」「理科の見方・考え方」について、次のページから詳しく見ていきましょう。

「資質・能力」

各教科等を通じて育成を目指す

なる資質・能力の育成

や社会に
とする
かう力、
の涵《かん》養

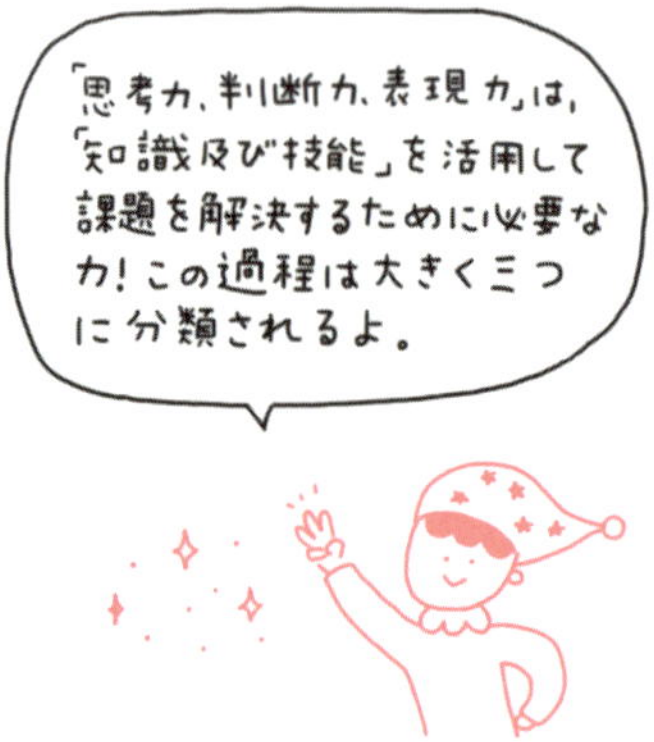
「思考力、判断力、表現力」は、
「知識及び技能」を活用して
課題を解決するために必要な
力! この過程は大きく三つ
に分類されるよ。

未知の状況にも対応できる
思考力、判断力、表現力等
の育成

三つの柱で整理された資質・能力とは、いったいどのようなものなのでしょうか。

まず、**「知識及び技能」**です。各教科等において習得する知識や技能は、個別の知識のみを指すのではありません。既存の知識と関連付けたり組み合わせたりしていくことにより、学習内容の深い理解と、個別の知識の定着を図り、他の学習や生活の場面でも活用できるような確かな知識としていくことが大切です。

次に**「思考力、判断力、表現力等」**です。学校教育法第30条第2項には、思考力、判断力、表現力等が、知識及び技能を活用して課題を解決するために必要な力であると規定されています。この「知識及び技能を活用して課題を解決する」過程には、大きく分類して次の三つがあると考えられます。これらの学習過程の違いに留意することが大切です。

①物事の中から問題を見いだし、その問題を定義し解決の方向性を決定し、解

新しい時代に必要と

「学びに向かう力、人間性等」は、「知識及び技能」と「思考力、判断力、表現力等」をどのような方向性で働かせていくかを決定付ける重要な要素！

学びを人生
生かそう
学びに向
人間性等

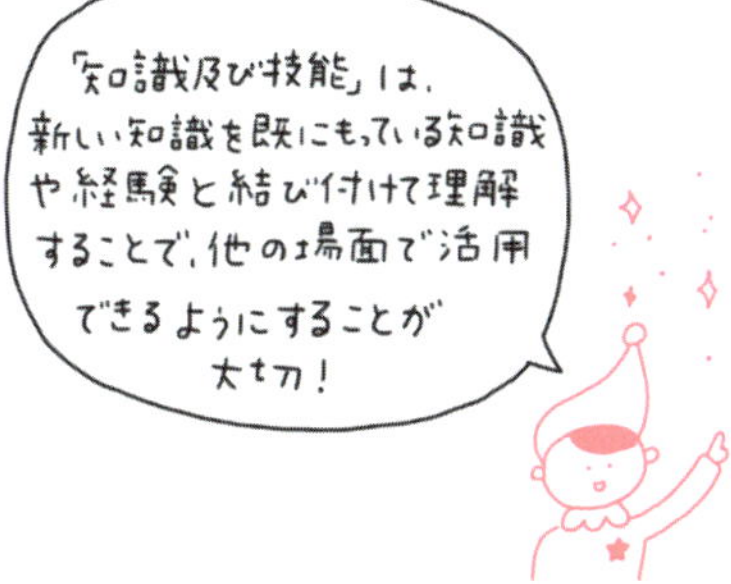
「知識及び技能」は、新しい知識を既にもっている知識や経験と結び付けて理解することで、他の場面で活用できるようにすることが大切！

生きて働く
知識及び技能の習得

決方法を探して計画を立て、結果を予測しながら実行し、振り返って次の問題発見・解決につなげていく過程

②精査した情報を基に自分の考えを形成し、文章や発話によって表現したり、目的や場面、状況等に応じて互いの考えを適切に伝え合い、多様な考えを理解したり、集団としての考えを形成したりしていく過程

③思いや考えを基に構想し、意味や価値を創造していく過程

最後に、**「学びに向かう力、人間性等」**です。前述の「知識及び技能」、「思考力、判断力、表現力等」の資質・能力を、どのような方向性で働かせていくかを決定付ける重要な要素であり、自己の感情や行動を統制する能力などといった、いわゆる「メタ認知」に関するものや、多様性を尊重する態度と互いのよさを生かして協働する力、感性、優しさや思いやりなど、情意や態度等に関わるものが含まれます。

「知識及び技能」

(1) 自然の事物・現象についての
理解を図り、観察、実験などに関する
基本的な技能を身に付けるようにする

知識及び技能

顕微鏡を
正しく使えば
見える
金属
水
知識
技能
空気のあたたまり方は
水のあたたまり方に似ている!

子供は、自然の事物・現象についてのイメージや素朴な概念などをあらかじめもっています。

問題解決の過程を通して、それらを既習の内容や生活経験、観察、実験などの結果から導きだした結論と意味付けたり、関係付けたりして、より妥当性の高いものに更新していくのです。

このようにして、子供は**自然の事物・現象についての理解**を深めていきます。

技能については、器具や機器などを目的に応じて工夫して扱うとともに、観察、実験の過程やそこから得られた結果を適切に記録することも求められます。

問題に対する結論を導きだす際には、**観察、実験の結果を根拠に考察するため、結果を明確にするための技能**が重要になるのです。

観察、実験などに関する技能を身に付けることは、自然の事物・現象についての理解や問題解決の力の育成に関わる重要な資質・能力の一つです。

「思考力、判断力、表現力等」

（2）観察、実験などを行い、
問題解決の力を養う

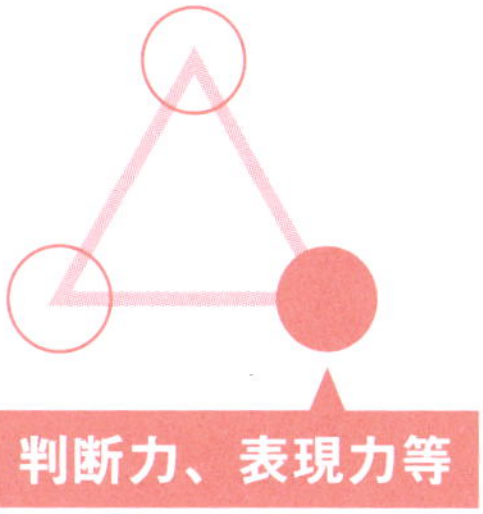
思考力、判断力、表現力等

問題解決の力

①差異点や共通点を基に、問題を見いだす力
②既習の内容や生活経験を基に、
根拠のある予想や仮説を発想する力
③予想や仮説を基に、解決の方法を発想する力
④より妥当な考えをつくりだす力

問題解決の力は
四つあるんだね！

小学校理科では、子供が自然の事物・現象に働きかけ、そこから問題を見いだし、予想や仮説を基に観察、実験などを行い、結果を整理し、その結果を基に結論を導きだすといった過程を通して、**問題解決の力**を育成しようとしています。具体的には次の四つが示されています。

・（第３学年）差異点や共通点を基に、問題を見いだす力
・（第４学年）既習の内容や生活経験を基に、根拠のある予想や仮説を発想する力
・（第５学年）予想や仮説を基に、解決の方法を発想する力
・（第６学年）より妥当な考えをつくりだす力

これらの力は、その学年で中心的に育成するものとして示されていますが、実際の指導に当たっては、どの学年の子供も問題解決を行うことに変わりはないので、**他の学年で掲げている力の育成についても十分配慮する**必要があります。

問題解決の力 ①差異点や共通点を基に、問題を見いだす力

第3学年では、主に「差異点や共通点を基に、問題を見いだす力」の育成を目指します。

この力を育成するためには、**複数の自然の事物・現象を比較し、その差異点や共通点を捉える**ことが大切です。

実際に、問題を見いだす力を育成するような授業展開を考えるとき、まず導入部分を思い浮かべることが多いと思います。教材研究を行い、子供に認知的葛藤が生じるような事象提示を行ったり、自由に試行して問題を見いだすことができるような状況をつくったりすることが大切です。

しかし、**子供が問題を見いだすのは、授業の導入場面だけとは限りません。**

問題を解決し、みんなで導きだした結論を日常生活に当てはめてみた段階で、「それならば…」と新しい問題を見いだすこともあります。

問題を見いだす力の育成を通して、問い続ける子供を育てていきたいものです。

問題解決の力

②既習の内容や生活経験を基に、根拠のある予想や仮説を発想する力

このモーターカーを
もっと速く走らせたいなあ
乾電池を1個から2個にすれば速く走るはずだよ。だって、3年生のとき、ゴムを1本から2本にしたら、車が遠くまで走ったでしょう！
ゴム1本
ゴム2本
3年生で学習したことと関係付けているね！

第４学年では、主に「既習の内容や生活経験を基に、根拠のある予想や仮説を発想する力」の育成を目指します。

この力を育成するためには、**自然の事物・現象同士を関係付けたり、自然の事物・現象と既習の内容や生活経験とを関係付けたりする**ことが大切です。

そのためには、これまでの学習経験や生活経験の中で、同じような事物・現象はなかったか、または、これまでの学習などを通して獲得した知識の中で、関係のありそうなものはないかといった思考をする必要があります。このような関係付けによって、**個別の知識がつながり、より科学的な概念として獲得**されていきます。それが、根拠のある予想や仮説を発想する力につながっていくのです。

教師は、これまでの知識を活用することで解決につながることはないかと問いかけるなど、子供たちが考えるための支援を行いましょう。そのように思考できた子供を称賛することも大きな支援です。

問題解決の力

③予想や仮説を基に、解決の方法を発想する力

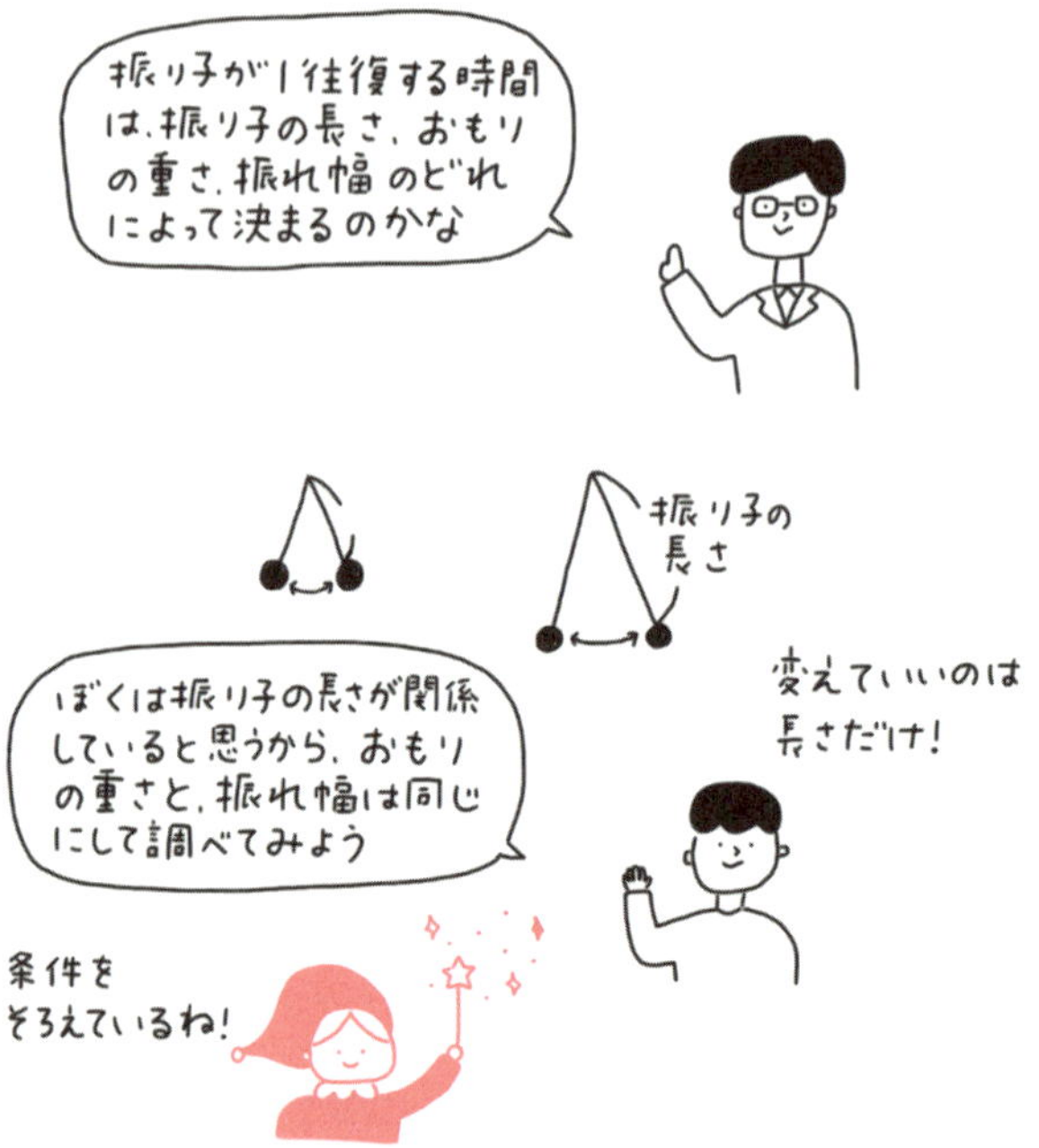

第5学年では、主に「予想や仮説を基に、解決の方法を発想する力」の育成を目指します。

そもそも子供の学びにおいて、観察や実験はどのような意味をもつのでしょうか。

観察や実験は、子供が自ら目的や問題意識をもって意図的に自然の事物・現象に働きかけていく活動です。

解決したい問題について、自分なりの予想や仮説を立てたら、その予想や仮説を確かめるために、**自分なりの解決の方法を考える**ことが重要になります。

全ての授業において、解決の方法を子供に考えさせることは難しいのですが、教師は意図的、計画的にこのような力を育成していく必要があります。

そのためには、**自然の事物・現象に影響を与えると考えられる要因を予想し、どの要因が影響を与えるかを調べる際に、条件を制御する**といった考え方を用いることが大切です。

問題解決の力

④より妥当な考えをつくりだす力

塩酸に溶かしたアルミニウムを取り出したけど、これも磁石に引き付けられないね。取り出したものはアルミニウムって言っていいのかな？
色が違うから、アルミニウムとは言えないんじゃないかな
他の方法の実験結果も参考にしながら考えようよ。一つの結果から結論を出すより、できるだけたくさんの結果から結論を出そう！
電気を通すか調べる
じっくり見る
塩酸に溶ける様子を見る
多面的に考えているね！

第6学年では、主に「より妥当な考えをつくりだす力」の育成を目指します。「より妥当な考えをつくりだす」とは、**自分が既にもっている考えを検討し、より科学的なものに変容させること**です。この力を育成するためには、**自然の事物・現象を多面的に考える**ことが大切です。「多面的」とは、複数の側面から考えるということです。具体的には、次のようなことが考えられます。

・解決したい問題について、互いの予想や仮説を尊重しながら追究する
・観察、実験などの結果を基に、予想や仮説あるいは観察、実験の方法を振り返り、再検討する
・複数の観察、実験から得た結果を基に考察する

「本当に、そのように考えていいのかな」と、時には立ち止まって考えることが、より妥当な考えをつくりだすことにつながるのです。

「学びに向かう力、人間性等」

自然を愛する心情は、植物の栽培や昆虫の飼育などの体験活動を通して育まれます。また、生命の連続性や神秘性に思いをはせたり、自分自身を含む動植物は互いにつながっていて、周囲の環境との関係の中で生きているのだと考えたりすることを通して、生命を尊重しようとする態度が育まれていくのです。

主体的に問題解決しようとする態度とは、一連の問題解決の活動を、子供自らが行おうとすることによって生まれる姿です。小学校理科では、意欲的に自然の事物・現象に関わろうとする態度、粘り強く問題解決しようとする態度、他者と関わりながら問題解決しようとする態度、学んだことを自然の事物・現象や日常生活に当てはめてみようとする態度など、これらの態度の育成を目指していくことが大切です。

COLUMN 1

資質・能力を育むために

学校教育法が平成19年6月に一部改正され、小・中・高等学校等において生涯にわたり学習する基盤が培われるよう、①基礎的な知識及び技能、②知識及び技能を活用して課題を解決するために必要な思考力、判断力、表現力等、③主体的に学習に取り組む態度、という学力の三要素が明確化されました（第30条第2項）。

これらの三要素を出発点としながら、子供の視点に立ち、育成を目指す資質・能力について議論が重ねられ、今回の学習指導要領では、資質・能力が三つの柱で整理されました。答申では、これらの資質・能力を、教育課程を通じてどのように育むことができるかという観点から、それぞれ以下のような課題があるとしています。

①各教科等で学んだことが、一人一人のキャリア形成やよりよい社会づくりにどのように生かされるかを見据えながら、各教科等を学ぶ意義を明確にし、各教科等において育む資質・能力を明確にすること

②全ての学習の基盤として育まれ活用される資質・能力と教科等の関係を明確にし、言語活動やICTを活用した学習活動等といった、教科等の枠を越えて共通に行う学習活動を重視し、教育課程全体を見渡して確実に育んでいくこと

③現代的な諸課題に対応して求められる資質・能力と教科等の関係を明確にし、どの教科等におけるどのような内容に関する学びが資質・能力の育成につながるのかを可視化し、教育課程全体を見渡して確実に育んでいくこと

各教科等における資質・能力は、その内容を学ぶことを通じて「何ができるようになるか」を意識した具体的な視点と言えるでしょう。

「資質・能力」と「見方・考え方」は相互補完する関係

「理科の見方・考え方」

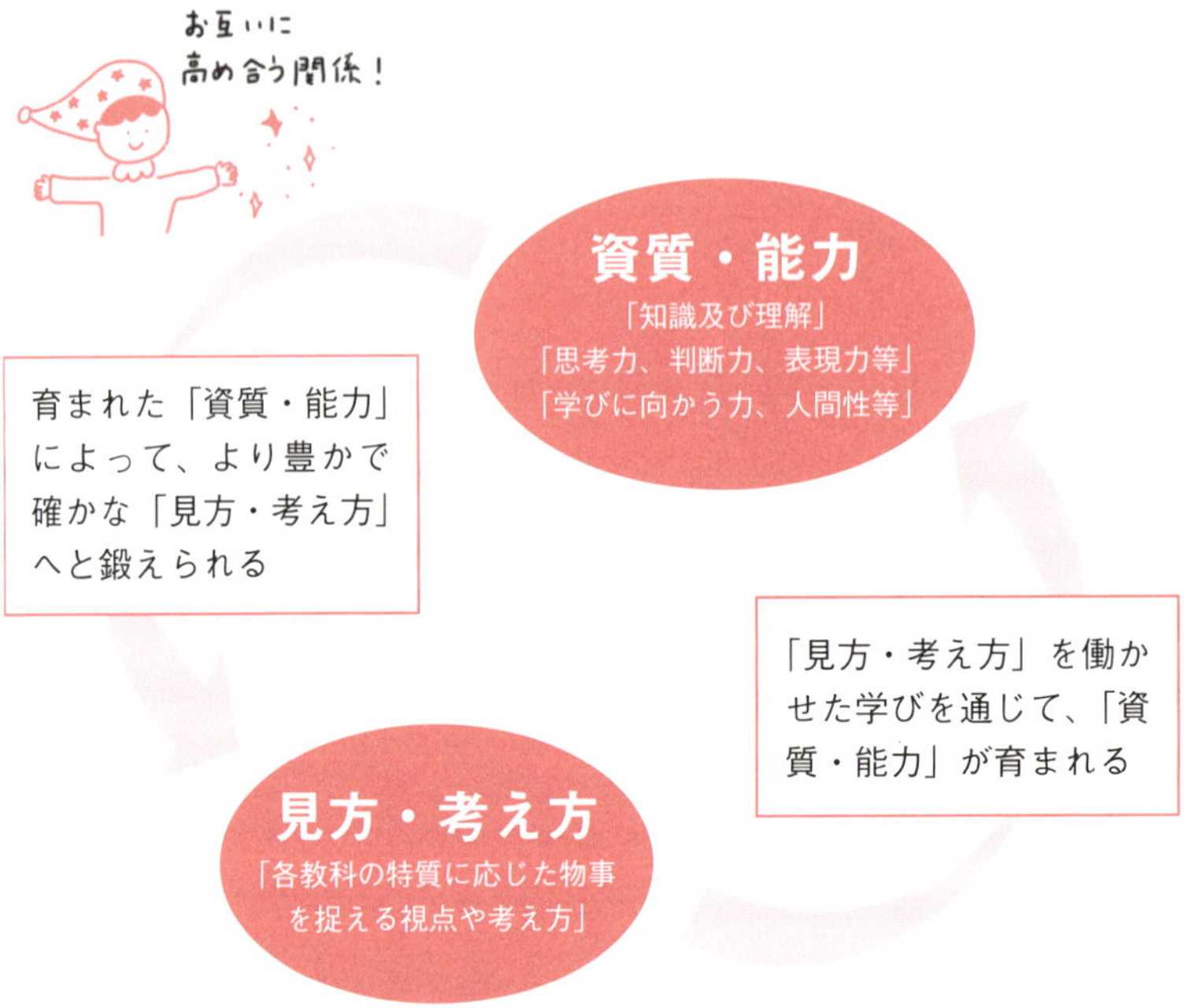
お互いに
高め合う関係！
資質・能力
「知識及び理解」
「思考力、判断力、表現力等」
「学びに向かう力、人間性等」
育まれた「資質・能力」によって、より豊かで確かな「見方・考え方」へと鍛えられる
「見方・考え方」を働かせた学びを通じて、「資質・能力」が育まれる
見方・考え方
「各教科の特質に応じた物事を捉える視点や考え方」

資質・能力の育成の鍵となるのが、「見方・考え方」です。これは学習の過程で働かせるもので、**「物事を捉える視点や考え方」**と言い換えることができます。

「見方・考え方」は、各教科等の特質に応じて異なります。各教科等を学ぶ本質的な意義や中核をなすものとして、教科等それぞれに整理されています。

また、「見方・考え方」と「資質・能力」は、上図のように、相互に補完し、高め合う関係にあると言えます。教科等で「見方・考え方」を働かせた学びを通じて「資質・能力」が育まれる方向と、育まれた「資質・能力」によって、さらに「見方・考え方」が豊かになっていく方向があるのです。

理科では、「理科の見方・考え方」として、教科目標の中に記されています。

平成20年版学習指導要領では、「科学的な見方や考え方」を育成すること自体を目標（ゴール）としていましたが、今

例えば「量的・関係的」な視点のメガネで物事を見てみると…

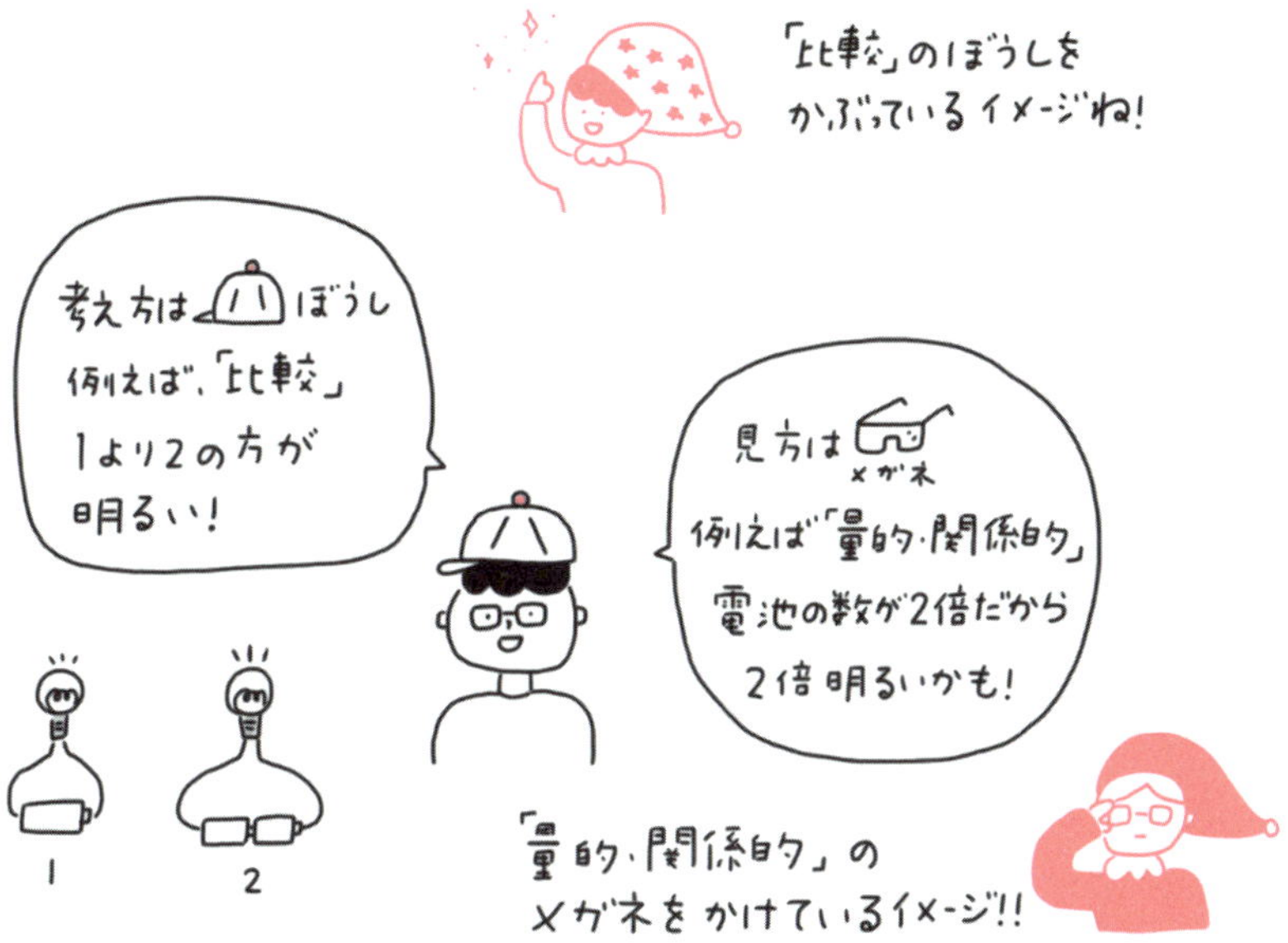

回の改訂では、資質・能力の育成を目標（ゴール）としています。**「見方・考え方」は、資質・能力の育成に向かう学習の過程で働かせるもの**であり、これまでの「科学的な見方や考え方」とは意味合いが異なっているのです。

「理科の見方・考え方」は、例えば「エネルギー」を柱とする領域では主として量的・関係的な視点で捉えるなど、**領域ごとの特徴的な視点が「見方」**に該当し、「比較する」「関係付ける」など**問題解決の過程で用いる考え方が「考え方」**に該当します。

これからは、各教科等の本質をなす「見方・考え方」とはどういったものなのか、どのように「見方・考え方」を子供に働かせていくのかをイメージしながら、より質の高い学びに向けて授業改善をしていく必要があります。

「理科の見方・考え方」については、p.26～37でより詳しく見ていきます。

問題を見いだす場面では…

「働かせる」

理科の目標では、「理科の見方・考え方を働かせ」て、資質・能力の育成を目指すと示されています。ここで言う「働かせる」とは、どのようなことなのでしょうか。

例えば、第3学年の生命を柱とする領域の授業を行うときには、「比較する」という考え方や「共通性・多様性」という見方を働かせることが想定されます。これは、**子供自身が働かせるもの**です。教師が押し付けるものではありません。子供自身にその動機付けがなされなければ、子供が働かせている状態にはならないのです。

ただし、教師が、この学習ではこの見方、この考え方を働かせたいなと想定することは大切です。

では、子供自身が見方・考え方を働かせることができるようにするには、どうしたらよいのでしょうか。そこには、二つのポイントがあると考えられます。

根拠のある予想や仮説を発想する場面では…

① 教師による場の設定

子供自身が比較したくなったり、共通性・多様性の視点で捉えたくなったりするように、教材や環境づくりを工夫する。その際、これまでの学習や生活経験を思い起こすような場を設定することも有効である。

② 評価することによる支援

子供たちが比較したり、共通性・多様性の視点で事象を見たりしていても、子供自身がそれに気付いていないこともある。そんなときに、子供自身が自覚できるように教師が声掛けをする。

教師がこのような場の設定や声掛けをするためには、これまでの子供の学びを振り返ったり、子供を理解するように努めたりすることが大切です。

内容はどう読み取ればいい？

これまでは、理科の目標について見てきました。ここでは、各単元の内容の部分を見ていきます。

新しい学習指導要領では、これまでにはなかった「見方を働かせるための着目対象」や、働かせる「考え方」が示されています。また、教科目標が資質・能力の三つの柱で整理されたことに伴って、内容も「知識及び技能」「思考力、判断力、表現力等」に分けて表記するようになりました。

まず、各単元の内容がどのように示され、どのように読み取ればよいのか、第6学年「水溶液の性質」の単元を例に説明していきます。

左図の冒頭3行の文章中に、「溶けている物に着目して」という表現があります。この**「○○に着目して」という部分が、『見方』を働かせるための着目対象**です。

「見方」は、理科を構成する領域ごとの特徴から整理されています。エネルギーを柱とする領域では主として量的・関係的な視点、粒子を柱とする領域では主として質的・実体的な視点、生命を柱とする領域では主として共通性・多様性の視点、地球を柱とする領域では主として時間的・空間的な視点が、特徴的な視点として整理されています。「水溶液の性質」は粒子を柱とした領域であるため、主として「質的・実体的」な視点で捉えることが考えられます（「見方」はp.26～31参照）。

「水溶液の性質」で「質的・実体的」な見方を働かせるということは、子供自身が水に溶けている物に着目して、質的な見方を働かせることで、「金属を溶かしたり溶かさなかったりすることから、水溶液でも（酸性・中性・アルカリ性という）性質の異なる物があるのではないか」と考えたり、実体的な見方を働かせることで、「見た目には分からないけれど、温めると気体を発生するから、水以外の物質は存在するのではないか」と考えたりすることが想定されます。

また、「多面的に調べる活動を通して」というように**「○○に調べる活動を通して」と表記されている部分は、各学年で主として働かせる「考え方」**を示しています。これは、平成20年版学習指導要領の問題解決の能力を基に整理されています。

こんな構造になってるよ

見方を働かせるための着目対象
ここでは主に「質的・実体的」

第６学年「水溶液の性質」

水溶液について、**溶けている物に着目して**、それらによる水溶液の性質や働きの違いを**多面的に調べる活動を通して**、次の事項を身に付けることができるよう指導する。

考え方

知識及び技能

ア　次のことを理解するとともに、観察、実験などに関する技能を身に付けること。
- (ア)　水溶液には、酸性、アルカリ性及び中性のものがあること。
- (イ)　水溶液には、気体が溶けているものがあること。
- (ウ)　水溶液には、金属を変化させるものがあること。

思考力、判断力、表現力等

イ　水溶液の性質や働きについて追究する中で、溶けているものによる性質や働きの違いについて、**より妥当な考えをつくりだし、表現すること**。

問題解決の力

新学習指導要領では、第3学年は「比較する」、第4学年は「関係付ける」、第5学年は「条件を制御する」、第6学年は「多面的に」考えること（平成20年版学習指導要領では「推論する」）と示されています。「水溶液の性質」は第6学年の内容であるため、「多面的に調べる活動を通して」と表記されているのです（「考え方」はp.32〜37参照）。

さらに、**アは「知識及び技能」、イは「思考力、判断力、表現力等」**の資質・能力に対応しています。「思考力、判断力、表現力等」に関する記述では、「思考方法や思考過程」に重点が置かれており、「しっかり考えさせる」ための指導が重視されるようになったと言えます。

ここで注目したいのは、イの中の「**より妥当な考えをつくりだし、表現すること**」の部分です。これは学年目標でも示されている、**各学年で重視したい「問題解決の力」**と呼ばれるものです。「水溶液の性質」は第6学年の内容なので、「より妥当な考えをつくりだし」と記されているのです（「問題解決の力」はp.13〜17参照）。

なお、資質・能力の一つである「学びに向かう力、人間性等」については、内容ごとに大きく異なるものではないため、目標に示されたものをすべての内容で共通的に扱うこととして、各内容においては触れられていません。

領域ごとに
整理されているよ

領域	特徴的な視点	
エネルギー	「量的・関係的」	・一方の量が変化することに伴い、もう一方の量も変化するのか ・どのように変化するのか　など
粒子	「質的・実体的」	・物によって異なる性質があるのではないか ・見えない物でも実体として存在しているのではないか ・形が変わっても同じ量が存在しているのではないか　など
生命	「共通性・多様性」	・共通した働きをする部分や共通した成長の仕方などがあるのではないか ・生物には様々な形態や生態があるのではないか　など
地球	「時間的・空間的」	・時間が経過すると、地形や天体はどのように変化するのか ・もっと広い範囲で考えるとどうか　など

※上記以外にも、理科だけでなく様々な場面で用いられる「原因と結果」「部分と全体」「定性と定量」などの視点がある

「見方」…領域ごとの特徴的な視点

「理科の見方」は、**様々な自然の事物・現象等を捉えるという理科ならではの視点**です。「エネルギー」「粒子」「生命」「地球」を柱とする四つの領域ごとに、特徴的な視点として整理されています。「エネルギー」を柱とする領域では、主として量的・関係的な視点、「粒子」を柱とする領域では、主として質的・実体的な視点、「生命」を柱とする領域では、主として共通性・多様性の視点、「地球」を柱とする領域では、主として時間的・空間的な視点で捉えることです。

「量的・関係的」な視点は、例えば、**一方の量が変化することに伴い、もう一方の量も変化するのか、どのように変化するのかという視点**で見ることを指します。

「質的・実体的」な視点は、例えば、**物によって異なる性質があるのではないか、見えない物でも実体として存在しているのではないかという視点**などで見る

これ以外にも
様々な見方があるよ
量的・関係的
電池が1個のときより明るいのは、電流の大きさが関係しているから？
質的・実体的
空気が変化したからかな？
ろうそくが消えた…
共通性・多様性
チョウと一緒であしが6本！
時間的・空間的
あれ？1時間前と位置がちがう…あと1時間経つと…

ことを指します。

「共通性・多様性」の視点は、例えば、**共通した働きをする部分や共通した成長の仕方などがあるのではないか、生物には様々な形態や生態があるのではないかという視点**で見ることを指します。

「時間的・空間的」な視点は、例えば、**時間が経過すると、地形や天体はどのように変化するのか、もっと広い範囲で考えるとどうかという視点**で見ることを指します。

これらの各領域での特徴的な視点は、**領域固有のものではなく、強弱はあるものの、他の領域の単元においても用いられる**場合があります。

この四つに限らず、理科だけでなく様々な場面で用いられる「原因と結果」をはじめとして、「部分と全体」「定性と定量」などの視点もあります。

「量的・関係的」な見方とは？

エネルギーを柱とする領域では、主として「量的・関係的」な見方で捉えることが、特徴的な視点として示されています。

この見方は、**二つの量がどのように関係しているのかという視点で、自然事象を捉えようとする**ときに働きます。

例えば、第3学年「風とゴムの力の働き」では、うちわで扇ぐことで進む車を観察し、車に当たっている風の強さと車の進む距離に関係があるのではないかと捉えているときなどに、この見方が働いています。車との距離や扇ぐ力などを変えながら様々な方法を試します。

また、第3学年「光と音の性質」では、鏡を使って太陽の光を反射させ、的に光を集める際に使った鏡の枚数と明るさとの関係に目を向けるときにも、この見方が働いています。

一つの値を変化させたときに、もう一つの値も伴って変化するのではないかという視点で、実験の経過や結果を見るときに、子供はこの見方を働かせています。

「質的・実体的」な見方とは？

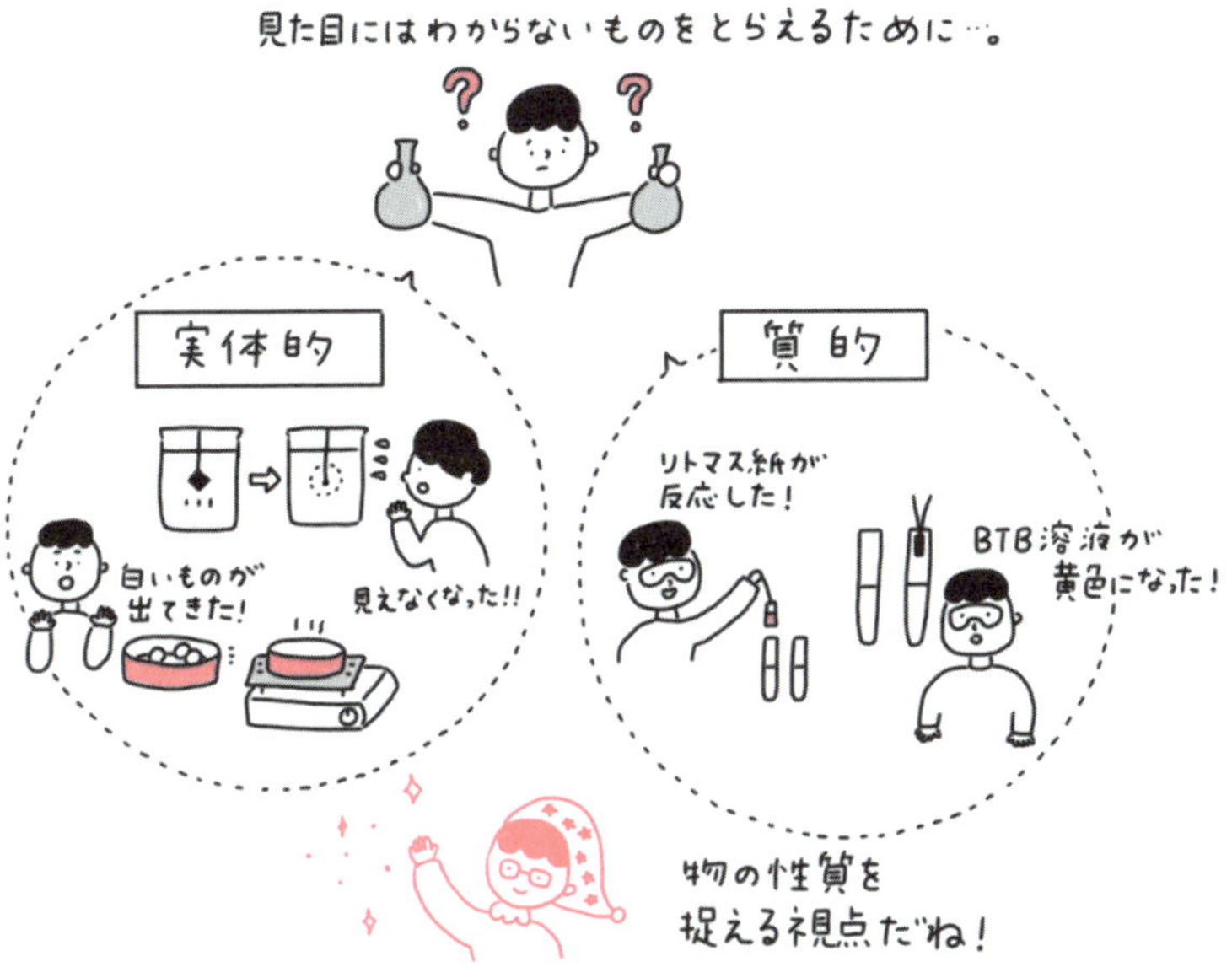

粒子を柱とする領域では、主として「質的・実体的」な見方で捉えることが、特徴的な視点として示されています。**目視では容易に判断できなかったり、見分けられなかったりするような事象に対して、その変化や違いを捉えようとする**ときに働かせるのが質的・実体的な見方です。

例えば、第6学年「水溶液の性質」では、質的な見方を働かせることで、「においが違うから性質が異なるのではないか」と考えることができます。第3学年「物と重さ」では、同体積で重さが違うことへの理解を図りますが、ここにも質的な見方の萌芽があるでしょう。

また、第5学年「物の溶け方」では、実体的な見方を働かせることで、「目に見えないけど、この中に存在するのではないか」と考えることができます。そこで、水溶液の重さを調べたり、蒸発乾固したりすることで、物の溶け方について捉えることができるのです。

「共通性・多様性」の見方とは？

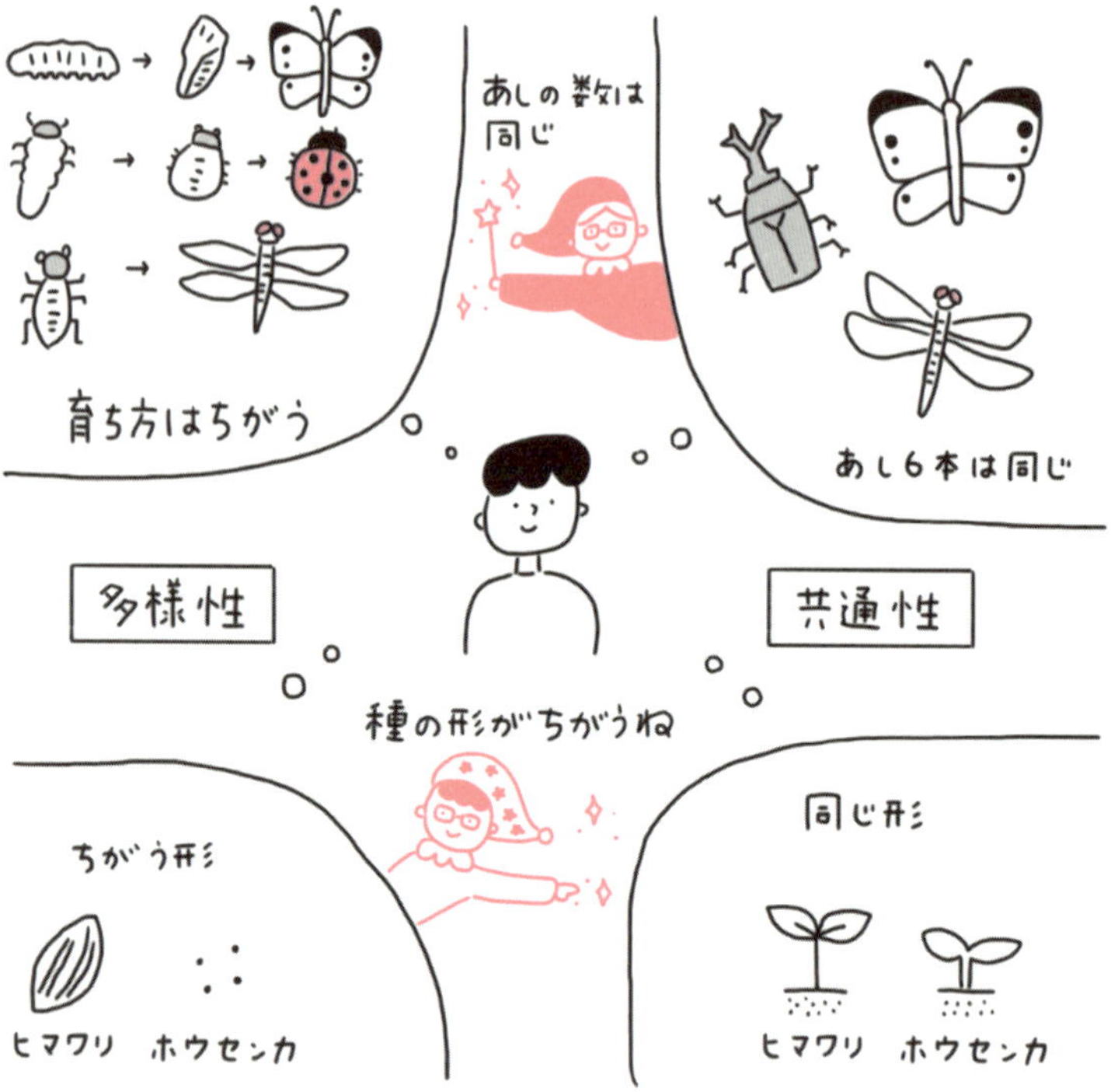

生命を柱とする領域では、主として「共通性・多様性」の見方で捉えることが、特徴的な視点として示されています。

色、形、大きさ…など着眼点を変えることで、見え方はどんどん変わります。例えば、色を基準にして見ると同じように見えていたものが、形を基準にして見た瞬間、全く違うものに見えることがあるのです。

何を基準にするか、何によって分類するかによって、一つの生物のもつ特徴に気付いたり、生物がもつ構造の巧みさや面白さに迫ったりすることもできるでしょう。

ホウセンカとヒマワリは、種子の形も大きさも異なります。しかし、植物のつくりを基準として見ると、どちらにも根・茎・葉があり、これは植物の仲間の共通点であることにも気付くのです。

このように、「共通性・多様性」の見方で生物を仲間分けすると、たくさんの発見に出会えるでしょう。

「時間的・空間的」な見方とは？

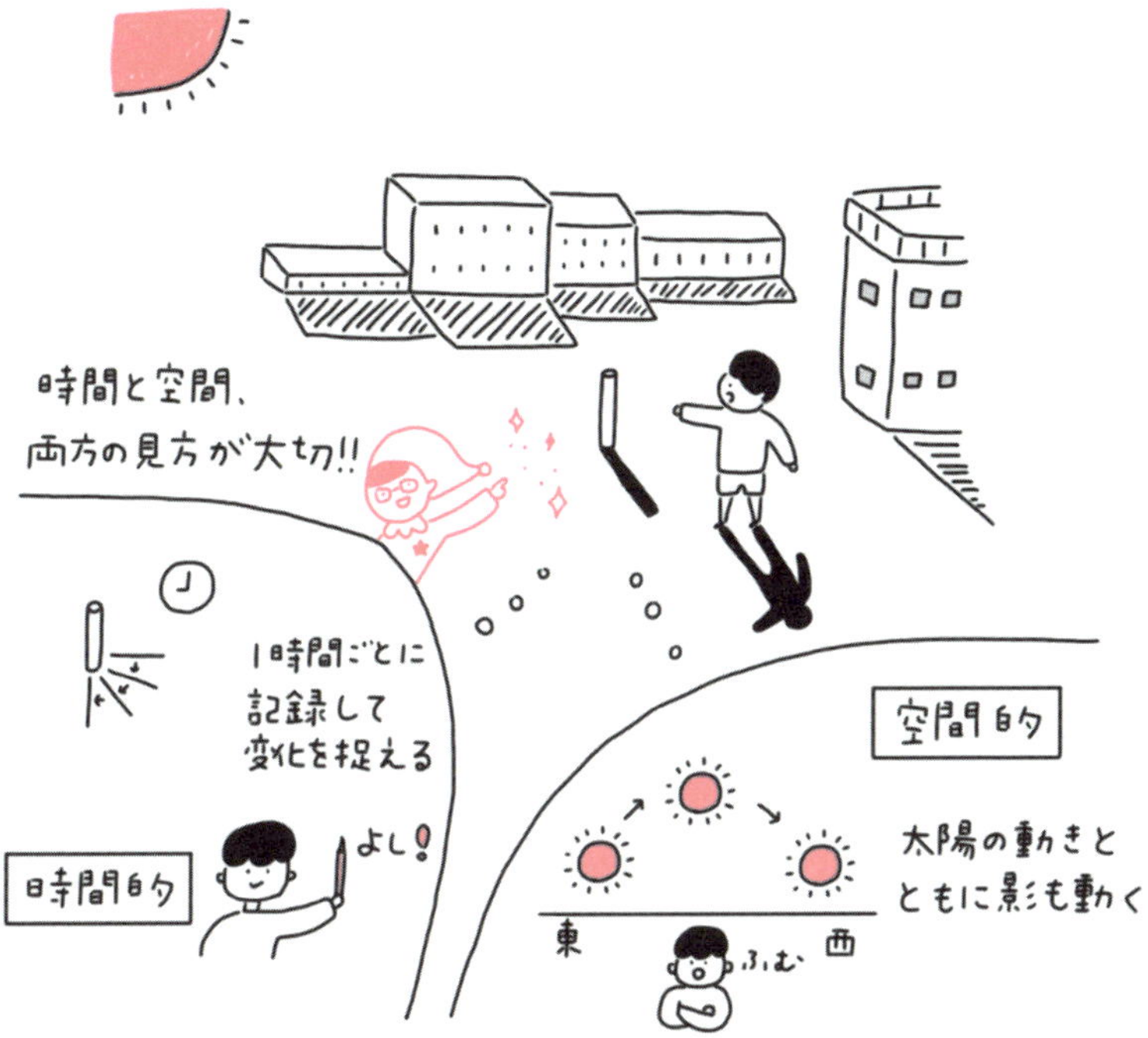

地球を柱とする領域では、主として「時間的・空間的」な見方で捉えることが、特徴的な視点として示されています。例えば、次のような場面が考えられます。

影が動いていることに気が付いた子供たちは、1時間ごとに記録をとることで、規則正しい変化を捉えます。これは、時間的な見方を働かせる場面です。

また、影の先と棒の先を結んだずっと向こうには太陽があり、影と同時に動いていること、影は地面を動いているが、太陽は空全体を東から西へ動いていることから、方位とともに目印を決めて、太陽の位置を記録する必要が出てきます。これは、まさに空間的な見方を働かせる場面です。

第5学年「天気の変化」でも、30分後、3時間後、明日と時間を延ばすにつれて、観察する手段が変わっていきます。**時間と空間をあわせて見る必要がある**のです。

「考え方」…学年ごとに重視したい考え方

これまでの「問題解決の能力」を基にしているよ

学年	問題解決の力を育成するために大切な「考え方」
第３学年	「比較する」 比較しながら調べる活動を通して…
第４学年	「関係付ける」 ○○と○○を関係付けて調べる活動を通して…
第５学年	「条件を制御する」 ○○などの条件を制御しながら調べる活動を通して…
第６学年	「多面的に考える」 ○○を多面的に調べる活動を通して…

理科の「考え方」は、**問題解決の過程において、どのような考え方で思考していくか**を示したものです。従来の「問題解決の能力」を基に、学年ごとに重視したい「考え方」として整理されました。

第３学年では「比較する」、第４学年では「関係付ける」、第5学年では「条件を制御する」、第6学年では「多面的に考える」です。それぞれ「問題解決の力」と関わっています（p. 13〜17参照）。

「比較する」は、複数の事物・現象を比べたり、ある変化を時間的な前後の関係で比べたりすることを通して、差異点や共通点を見いだすことを目的とします。この「考え方」によって、**導入の際に事物・現象を比較することで問題を見いだしやすくしたり、考察する際に結果を比較することで考えを整理しやすくしたりする**ことができます。

「関係付ける」は、自然の事物・現象の変化をそれに関わる要因と結び付けたり、既習の内容や生活経験と結び付けた

りすることなどを目的とします。この「考え方」によって、予想や仮説を立てる際に、**既習の内容や生活経験に基づきながら、根拠のある予想や仮説を発想する**ことができます。

「条件を制御する」は、どの要因が影響を与えるかを調べる際に、変化させる要因と変化させない要因を区別することを目的とします。この「考え方」によって、**目的が明確になり、計画的に観察や実験を行う**ことができます。

「多面的に考える」は、自然の事物・現象を複数の側面から考えることを目的とします。この「考え方」によって、**問題解決の過程を通して、より妥当な考えを導く**ことができます。

このように、「考え方」は問題解決の力と関わりがありますが、例えば第5学年だから「条件制御」というように固定的に考える必要はありません。様々な場面において「考え方」を働かせながら学習することが大切です。

「比較する」とは？

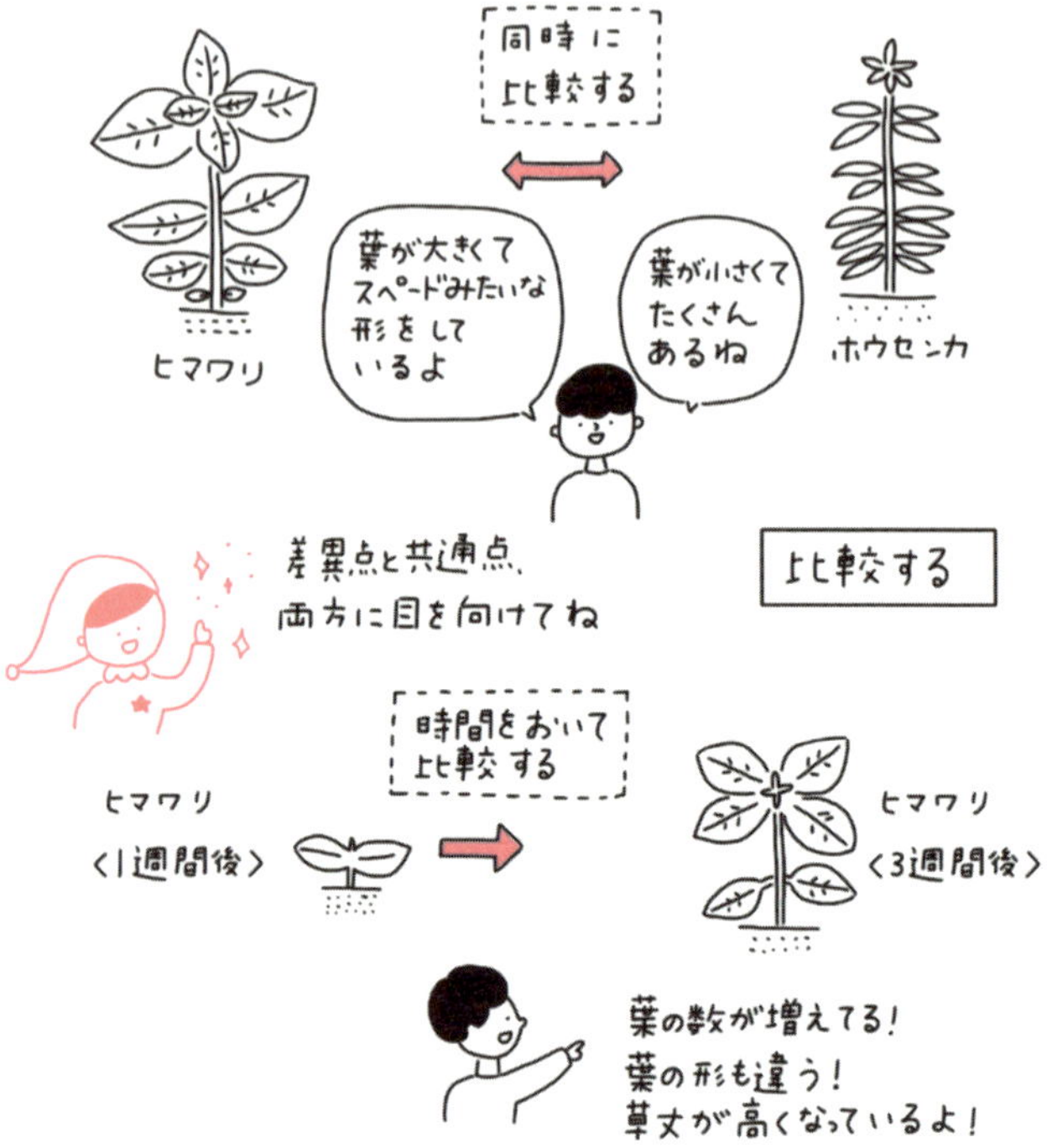

問題解決の力の一つとして、「差異点や共通点を基に、問題を見いだす力」を育成する際には「比較する」ことが大切です。

例えば、ヒマワリとホウセンカの種を比較するときのように2種類以上のものを同時に比べる場合と、ヒマワリの葉が育つ様子を調べるときのように以前と今の様子とを比較するような場合があります。

二つのものを同時に比べる場合には、それぞれの特徴を捉えることを目的とすることが多く、**一つのものを時間的な前後の関係で比べる場合は、変化を捉える**ことを目的とすることが多いです。子どもたちの学習の目的に合わせて、何をどのように提示するのか、そのとき、比較という「考え方」をどのように子供が働かせるのかを想定することが大切です。

比較するから、**対象の共通点や差異点が明らかになり、解決したい問題が見えてくる**のです。

「関係付ける」とは？

問題解決の力の一つとして、「既習の内容や生活経験を基に、根拠のある予想や仮説を発想する力」を育成する際には、「関係付ける」ことが大切です。この考え方は、**予想する場面などで、自然の事物・現象と生活経験や既習事項などを結び付ける**際に働かせます。

例えば、1時間ごとに測った気温をグラフにすると山型になることに気付いたとき、第3学年で学習した日なたと日陰の温度の違いや太陽の動きを関係付けて、日中の気温の変化の要因であると考えます。また、フラスコに閉じ込めた空気は日差しの強い砂浜で膨らむビーチボールと同じように膨らむと考えるとき、生活経験と結び付けて考えています。

子供がこれまでの経験や知識の中から何を使えば、その事物・現象を説明できるのかを考えている際、**想起しようとする姿を励ましたり、関連するものを提示したりする教師の支援**が考えられます。

「条件を制御する」とは？

問題解決の力の一つとして、「予想や仮説を基に、解決の方法を発想する力」を育成する際には、「条件を制御する」ことが大切です。これは、子供にとって難しい考え方ではありません。例えば、かけっこをするときにスタートの位置がずれていたら、必ず自分たちで揃えようとします。子供たちは普段から条件に目を向けているのです。

理科では、調べたいことによって、揃える条件が変わってきます。**予想を検証するために、何に目を向けるかを明確にする**ことが、条件制御の第一歩となります。

例えば「発芽には温度が関係する」という予想を検証するためには、温度差による発芽の様子の違いに目を向けます。すなわち温度以外の水、日光などを揃えると、予想を検証することができます。予想が明確であれば、条件制御を行う必然性が出てくるのです。**うまく制御できずに、結果が曖昧になるようなときには、教師が支援する**必要があるでしょう。

「多面的に考える」とは？

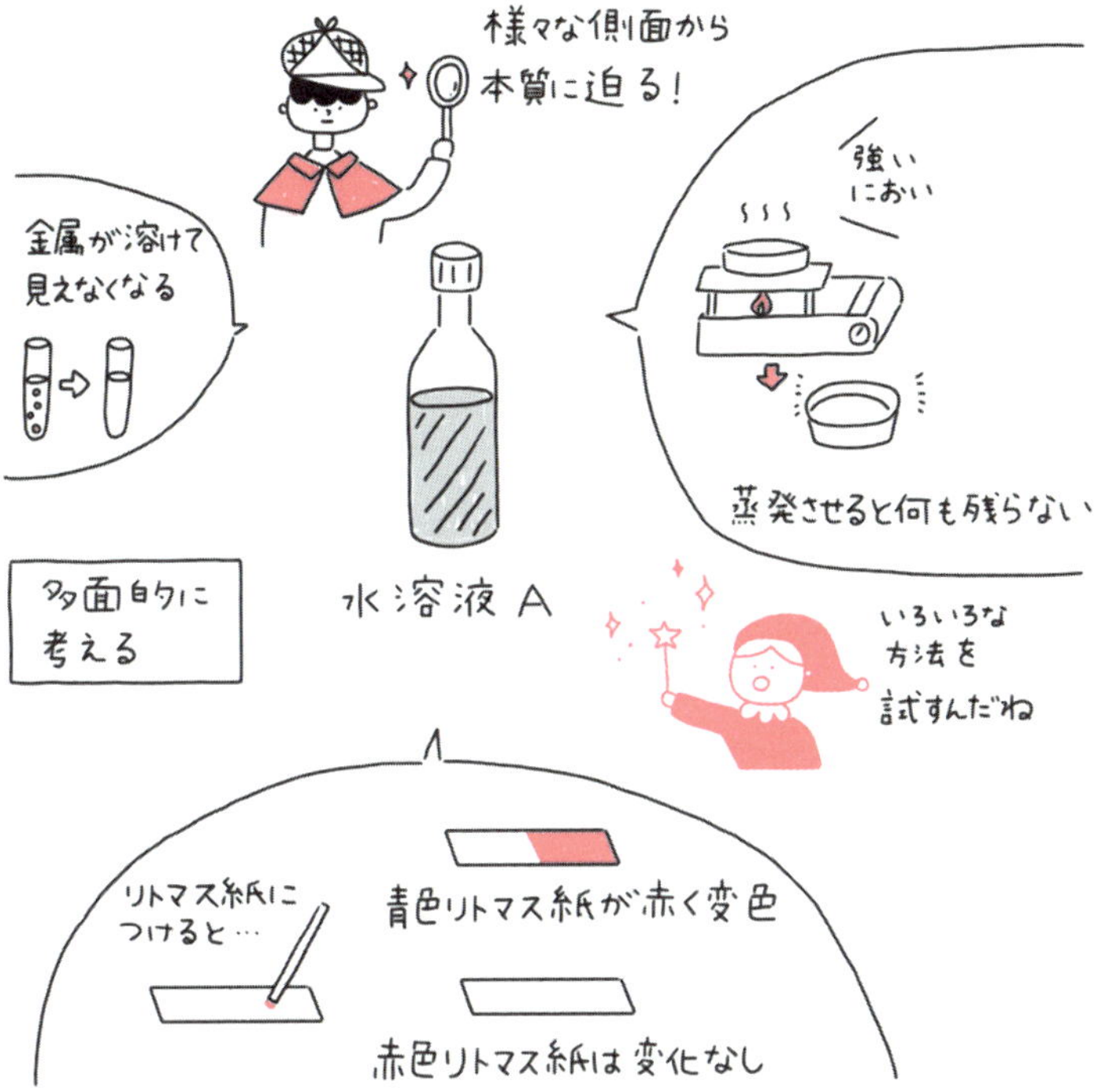

問題解決の一つとして、「より妥当な考えをつくりだす力」を育成する際には、「多面的に考える」ことが大切です。ほかの考え方に比べて、俯瞰的に見ることが求められます。問題解決を通して**導きだした答えを様々な面から見直し、自然の事物・現象そのものを捉え直す**ような考え方と言えます。ある一つの方向から追究してきたことを、別の方向から見直してみると、新たな気付きがあり、より深い理解へとつながるのです。

水溶液の学習では、金属を溶かすことができるか、酸性かアルカリ性か、気体が溶けているのか固体が溶けているのかなど、様々な面から考えます。そのように追究することで、水溶液そのものをより的確に捉えていくことができるのです。

また、このような経験によって、**自分の結果が全てではなく一つの側面から捉えたに過ぎない**ということを自覚する謙虚な姿勢にもつながるでしょう。

理科における プログラミングの考え方

これからの社会を生きていく子供たちにとって、コンピュータを理解し、活用する力を身に付けることは、将来どのような職業に就くとしても極めて重要になるという考えから、新学習指導要領では、プログラミング教育が導入されました。各小学校において、教育課程全体を見渡し、プログラミング教育を実施する学年や教科等を決定していく必要があります。

理科にプログラミング教育を位置付ける際は、教科での学びをより確実にしたり、プログラミング的思考を育成したりするために行うことが考えられます。この場合、どの教科でもできるような内容をするのではなく、教科の時間で行う以上、「理科」に関連する文脈で実施することが求められます。

新学習指導要領では、第6学年「電気の利用」が例示されました。本内容でプログラミング教育を行う場合には、「エネルギー資源の有効利用」といった文脈で行うことが大切です。「プログラミング」自体が目的になっているような授業展開では、理科の学習内容とは言えません。あくまで授業のねらいに沿ったプログラミングの取り入れ方を考える必要があるでしょう。

理科の文脈に沿ったプログラミングの取り入れ方

身近に省エネの工夫をしているところはあるかな？
スーパーのトイレは、人が来たらセンサーで電気がつくよ
それでは、実際にプログラミングで同じようにできるか、やってみよう！

第2章

授業づくりの基礎・基本

学習指導要領のキーワードを読み解いたら、次は授業づくりについて考えてみましょう。授業づくりの基本的なポイントは次の3点です。

1 「問題解決の過程」
2 「自然に親しむ」
3 「科学的」

授業づくりで大切にしたいこと

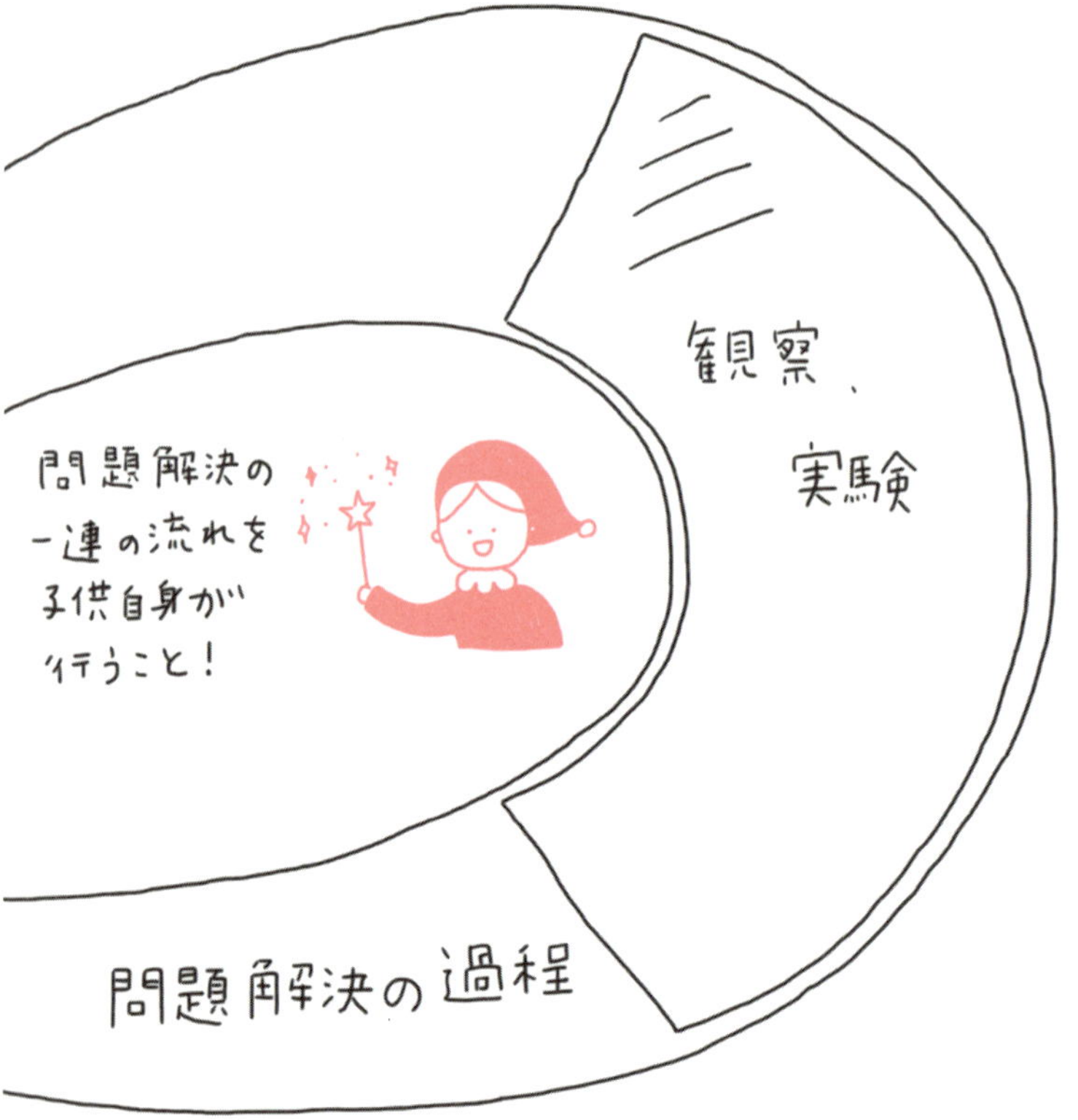
観察、
実験
問題解決の
一連の流れを
子供自身が
行うこと！
問題解決の過程

「小学校の理科では、どんな授業をすればいいの？」という、もっとも重要な問題に対して、その中心になるキーワードを示しましょう。

それが**「子供の問題解決」**です。小学校理科では、これまでもずっと「子供の問題解決」を大切にしてきました。

まず、子供が解決する問題は、教師から一方的に与えられるものではありません。子供が自然の事物・現象に親しみ、そこから、子供自身が解決したい問題を見いだすことが大切なのです。

そのようにして見いだした問題を、**「問題解決の過程」**を通して解決していくことになります。観察、実験さえすれば理科だと思っている人がいるかもしれません。確かに「問題解決の過程」の中核をなすのが観察、実験です。しかし、観察、実験は、あくまで解決したい問題に対する自分たちの予想を確かめるために行うものです。**問題解決の一連の活動を、子供自身が行う**ことが大切なので

す。

子供が、自然の事物・現象に働きかけ、そこから問題を見いだし、その問題を解決したとします。その後は、もう一度、自然の事物・現象に当てはめてみます。そうすることで、自然の事物・現象を今までとは違う見え方で捉えたり、新しい問題を見いだしたりするかもしれません。このように、**繰り返し自然の事物・現象に関わる**ことが大切です。

また、子供が自然の事物・現象から問題を見いだし、その問題を解決していく過程では、「科学的」に解決していくことが求められます。

授業づくりの重要なキーワードである**「問題解決の過程」「自然に親しむ」「科学的」**について、次のページからもう少し詳しく見ていきましょう。

「問題解決の過程」

自然事象に対する気付き

↓

問題の見いだし

↓

予想・仮説の設定

↓

検証計画の立案

↓

観察、実験の実施

↓

結果の整理

↓

考察

↓

結論の導出

結論が出ても、それが他の
自然事象に当てはまるのか
を考えることが大切だね

小学校理科では、これまでも問題解決の過程を通じた学習活動を重視してきました。具体的には、次のように考えられます。

1 自然の事物・現象に対する気付き
2 問題の見いだし
3 予想・仮説の設定
4 検証計画の立案
5 観察、実験の実施
6 結果の整理
7 考察
8 結論の導出

これらの過程において、どのような資質・能力を育成するのかを明確にし、指導の改善を図っていくことが重要です。

また、問題解決を行うのは、あくまで子供自身です。教師がこの順番で授業を構想すれば、それでよいというわけではありません。

「自然に親しむ」

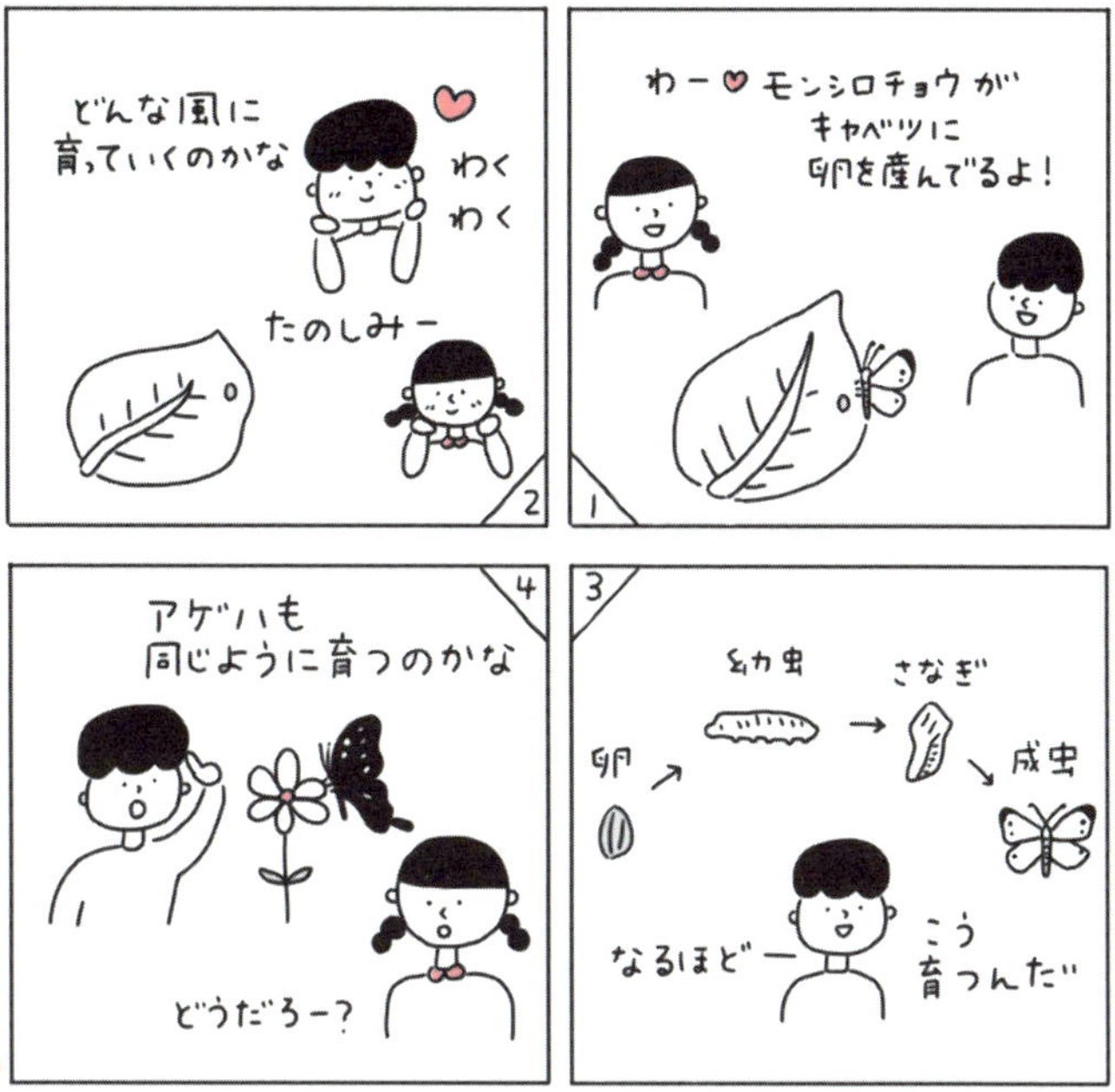

問題を
見いだすことが
大切!!

小学校理科の目標は、「自然に親しみ」から始まります。これは、どのような意味をもつのでしょうか。

小学校理科の学習は、まさに子供が自然に親しむことから始まるのです。

しかし、ここでいう「自然に親しむ」とは、単に自然に触れたり、慣れ親しんだりするということだけではありません。

子供が、関心や意欲をもって対象と関わることによって、自ら問題を見いだし、それを追究し、解決していく活動を示唆しています。さらに、その過程の中で、**新しい問題を見いだし、繰り返し自然の事物・現象に関わっていく**ことを含意しているのです。

したがって、自然の事物・現象を子供たちに提示したり、自然の中に連れて行ったりする際には、対象への関心や意欲を高めつつ、そこから問題意識を醸成し、主体的に追究していくことができるよう、意図的な活動の場を工夫することが大切です。

「科学的」

実証性	考えられたことが観察、実験などによって検討できるという条件
再現性	仮説を観察、実験などを通して実証するとき、人や時間や場所を変えて複数回行っても、同一の実験条件下では同一の結果が得られるという条件
客観性	実証性や再現性という条件を満たすことにより、多くの人々によって承認され、公認されるという条件

小学校理科の目標には、**「問題を科学的に解決する」**という表現があります。問題解決の学習は、理科だけでなく各教科等でも行うことがあるでしょう。また、大人になっても常に問題解決の連続ではないでしょうか。それらの問題解決を「科学的」に行うことを目指しているのが小学校理科の特徴です。

科学が、それ以外の文化と区別される基本的な条件として、「実証性」「再現性」「客観性」などが挙げられます。

「科学的」とは、これらの条件を検討する手続きを重視するという側面から捉えることができます。つまり、「問題を科学的に解決する」ということは、**自然の事物・現象についての問題を、実証性、再現性、客観性などといった条件を検討する手続きを重視しながら解決していく**ということなのです。したがって、予想や仮説を基に観察、実験を行い、その結果を踏まえて結論をだすという学び方を大切にしているのです。

第３章

授業改善の視点

授業づくりの基礎・基本をおさえたら、次は授業改善について考えてみましょう。授業改善のポイントは次の４点です。

1　「主体的・対話的で深い学び」
2　全国学力・学習状況調査における活用の枠組み
3　言語活動の充実
4　カリキュラム・マネジメント

「主体的・対話的で深い学び」

「主体的・対話的で深い学び」は、社会で生かせる資質・能力を育成するために、教師の「授業改善の視点」として位置付けられたものです。

これから求められるのは、物事をたくさん知っているだけではなく、知っていることを使って社会・世界と関わることであり、自分自身が主体的に人や物と関わって問題を解決できることでしょう。そのためには、これまでのように知識をたくさん得るための受動的な学習形態では不十分であると言えます。そこで、小学校段階から高校まで一貫した授業改善の視点として、「主体的・対話的で深い学び」が示されたのです。

以前は、同様の意味として「アクティブ・ラーニング」という用語が使われていました。アクティブ・ラーニングが話題になった当初は、「子供が活動すればいいのでしょ？」「○○ツールを使えば子供は活動的になるから、どの授業でも使うべきだね」というように、**話し合うこと自体が目的化している活動主義的な授業や偏った指導観に基づいた授業**が行われるようになってしまいました。当時のこのような状況から、答申では、「…こうした工夫や改善の意義について十分に理解されないと、例えば、学習活動を子供の自主性のみに委ね、学習成果につながらない『活動あって学びなし』と批判される授業に陥ったり、特定の教育方法にこだわるあまり、指導の型をなぞるだけで意味のある学びにつながらない授業になってしまったりという恐れも指摘されている」と言及され、本来の趣旨のさらなる理解が促されました。

(1) 「主体的・対話的で深い学び」が位置付けられた背景

もともと「アクティブ・ラーニング」という言葉が注目されるようになったのは、2012年に大学教育に対して使われ始めたことがきっかけでした。それは、一方的な講義形式を改善し、学生が主体的に参加できる授業にしたいという理由からでした。そのため、この当時は、大学以外の校種（小学校・中学校・高等学校）においては特に意識されていませんでした。

小学校・中学校・高等学校については、2015年の「論点整理」から意識されるようになりました。大学でも学生に考えさせる方向で授業改善をするのだから、高等学校や中学校でも同様にその必要性が叫ばれるようになったわけです。しかしながら、「アクティブ・ラーニング」という言葉の曖昧さから、前述のような誤った解釈が生まれてしまったため、目的を明確にする必要があると考えられるようになりました。そこで、「主体的な学習」「協働的な学習」、さらにそれらが「深い学び」につながる必要性があるなどと議論されるようになり、現在の「主体的・対話的で深い学び」に落ち着いたわけです。

(2) 「主体的・対話的で深い学び」の誤った解釈

「主体的・対話的で深い学び」という言葉が使われるようになってからも、誤った解釈が数多く見られます。

例えば、図1は**「話す時間の確保だけで、話し合う内容まで精査していない」**という事例です。これは一見よさそうに見えますが、話し合う姿のみを重視していて、話し合う内容や子供にとっての必要性までは十分に考慮していない授業も多く見られます。図2は**「課題を教師が与えてしまい、子供自身のものになっていない」**という事例です。ほかにも、「班ごとの発表ができていれば、子供たち一人一人もできている」「問題意識さえもてば、あとは主体的に活動できる」というような「ダメ事例」も散見されます。よりよい授業づくりのために、様々な視点から見直す必要があるでしょう。

話し合う機会さえつくれば
“対話的な学び”になるという考え方
よしよし
話し合ってるから
OKでしょ!
話す時間を確保するだけで
話し合う内容まで精査していない
図1

課題さえ与えれば
“主体的な学び”になるという考え方
よし!
これをやろう!
はい
はい
教師が課題を与えてしまうため
子供自身のものになっていない
図2

「主体的な学び」

「主体的な学び」

学ぶことに興味や関心を持ち、自己のキャリア形成の方向性と関連付けながら、見通しを持って粘り強く取り組み、自己の学習活動を振り返って次につなげる「主体的な学び」が実現できているか。

何のために？

なぜ
主体性が
必要なのかな

・興味をもって積極的に取り組むため。
・学習活動を自ら振り返り、意味付けるため。
・身に付いた資質・能力を自覚し、共有するため。

「主体的な学び」は、「授業改善の視点」の一つとして位置付けられています。よりよい授業へと改善するために、「学ぶことに興味や関心を持ち、自己のキャリア形成の方向性と関連付けながら、見通しを持って粘り強く取り組み、自己の学習活動を振り返って次につなげる『主体的な学び』が実現できているか」という視点で見直すことが求められています。

「主体的な学び」を実現するためには、**子供自身が「問題意識」をもち、取り組む目的や必要性を見いだす**必要があります。車で言えば、「問題意識」はエンジンの役割です。このエンジンを動かすために、教師には、身近な話題の提供や、次の学習につながる疑問へと導く支援などが求められます。

また、自ら学習を進めていく上では計画性が必要です。その際、**子供自身がもっている「知識及び技能」を生かしたり、「見方・考え方」を働かせたりする**必要が

あります。車で言えば、これらは両輪の役割です。両輪を動かすために、子供自身が見通しをもって、予想や仮説を設定したり、観察、実験の計画を立案したりする学習場面を教師が設定する必要があります。これらの「問題意識」や「知識及び技能」「見方・考え方」を、「思考力、判断力、表現力等」すなわち車で言えば「アクセル・ブレーキ」が上手に動かすことによって、前に進みます。

さらに、学習を振り返る際、理解していることを相手に説明したり、自分の学習状況を評価したりする必要があります。**子供が自分の学習状況の変化を見取り、自分自身の学びを自覚する**ことが大切です。そのために、自分を第三者的な視点で見つめ、行動を操作して改善する**「メタ認知」の力**が求められます。車で言えば、「メタ認知」はハンドルの役割です。子供がハンドルを握り、自分自身で運転をコントロールできるようにするために、教師の支援が求められます。

「対話的な学び」

「対話的な学び」

子供同士の協働、教職員や地域の人との対話、先哲の考え方を手掛かりに考えることを通じ、自己の考えを広げ深める「対話的な学び」が実現できているか。

何のために？

なぜ
対話が
必要なのかな？

・教職員と子供や子供同士の対話によって、自分の考えを広げ深めていくため。
・身に付けた知識や技能を定着させるため。

「対話的な学び」も、「授業改善の視点」の一つとして位置付けられたものです。よりよい授業へと改善するために、「子供同士の協働、教職員や地域の人との対話、先哲の考え方（書物など）を手掛かりに考えること等を通じ、自己の考えを広げ深める『対話的な学び』が実現できているか」という視点で見直すことが求められます。

「対話的な学び」の実現に向けて、子供同士、子供と教師などが、互いの知見や考えを伝え合ったり議論したり協働したりする場面が考えられます。その際、**全員が共通の「問題意識」をもつ**必要があるため、問題を設定するとき、教師が子供たちを共通の疑問へと導き、問題意識を共有させることが求められます。

また、互いの知見や考えを伝え合う際には、相手の発言を尊重したり、相手の発言に潜む問題点を指摘したりして、最終的に全員の最適解を見付けることが大切です。その際、質の高い対話にするた

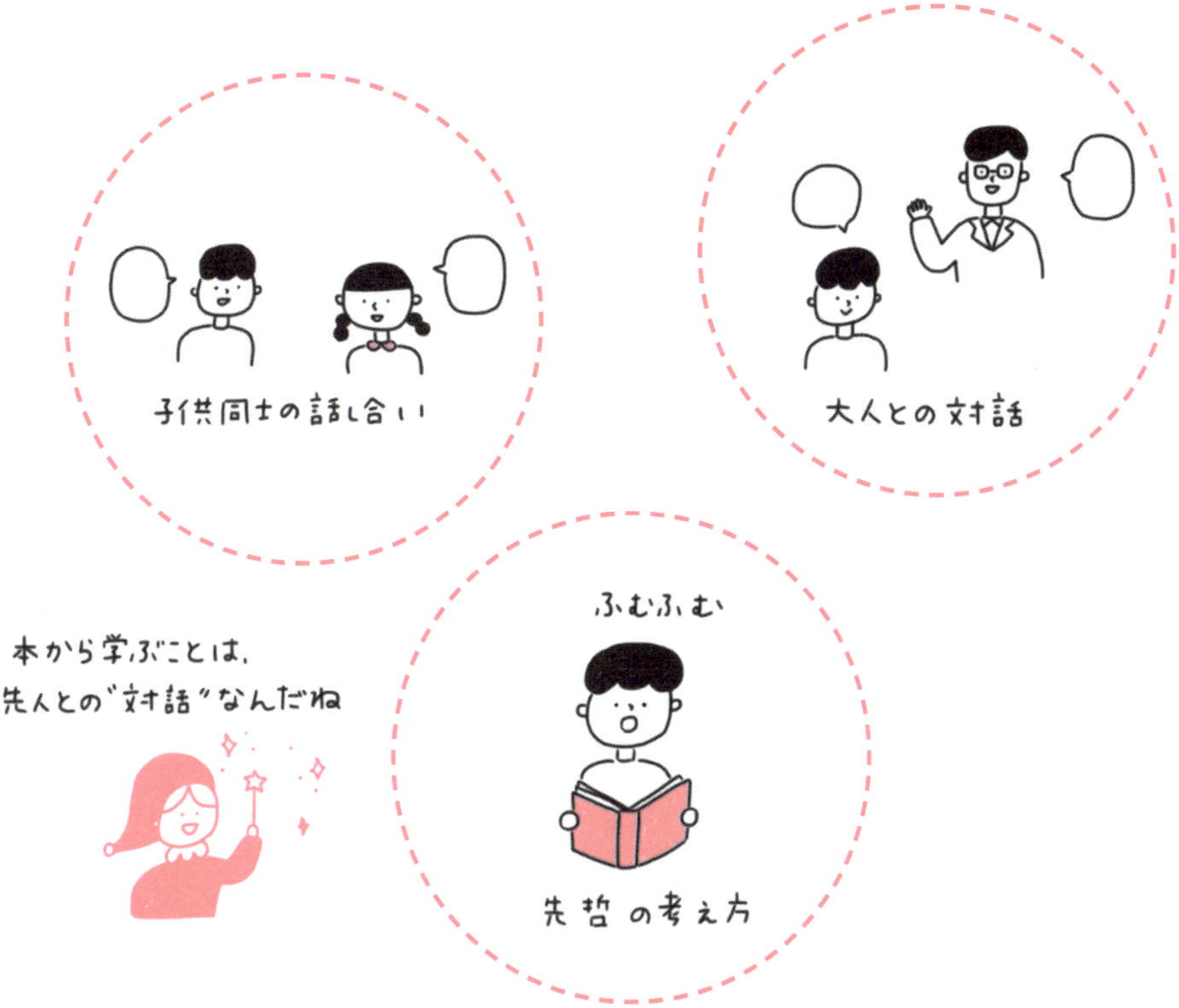

めに、**子供自身**が**「合意形成を目指す」「批判的に考える」**ことを意識する必要があります。

「合意形成を目指す」ためには、子供たちに他人の考えの多様性、有用性とともに、妥協点を考える重要性を理解させることが求められます。問題の設定から考察まで、**信頼性や妥当性などの観点などを踏まえて話し合い、最適解を導く**学習場面を設定することが考えられます。

また、「批判的に考える」ためには、他人の意見が必ずしも正しいわけではないと考える意識を身に付けることや、疑問があれば聞く習慣を付けることなどが求められます。自分の考えをより妥当なものにするために、**他人と自分の考えの違いを意識する**ことが大切です。

なお、書物の記述を自分の考えに生かすことで、考えを広げ理解を深めるような言語活動の設定も考えられます。

「深い学び」

「深い学び」

各教科等の特質に応じた「見方・考え方」を働かせながら、知識を相互に関連付けてより深く理解したり、情報を精査して考えを形成したり、問題を見いだして解決策を考えたり、思いや考えを基に創造したりすることに向かう「深い学び」が実現できているか。

どうする？

どうすれば
深い学びに
つながるのかな？

・教師が教える場面と、子供たちが思考・判断・表現する場面を効果的に設計し、相互に関連させながら指導していく。

「深い学び」も、「授業改善の視点」の一つとして位置付けられたものです。よりよい授業へと改善するために、「習得・活用・探究という学びの過程の中で、各教科等の特質に応じた『見方・考え方』を働かせながら、知識を相互に関連付けてより深く理解したり、情報を精査して考えを形成したり、問題を見いだして解決策を考えたり、思いや考えを基に創造したりすることに向かう『深い学び』が実現できているか」という視点で見直すことが求められます。

「深い学び」は、「浅い学び」に対比させた言葉で、ある学習内容における子供一人一人の資質・能力の程度や、学習方法の緻密さの程度の「昔と現在」「現在と未来」といった個人内の相対的な変化を指すと考えられます。一般的には、学習内容の深い理解、知識の概念化（構造化、一般化、抽象化）と言われることが多く、複数の知識を組み合わせること、知識を日常に生かすこと、汎用性のある

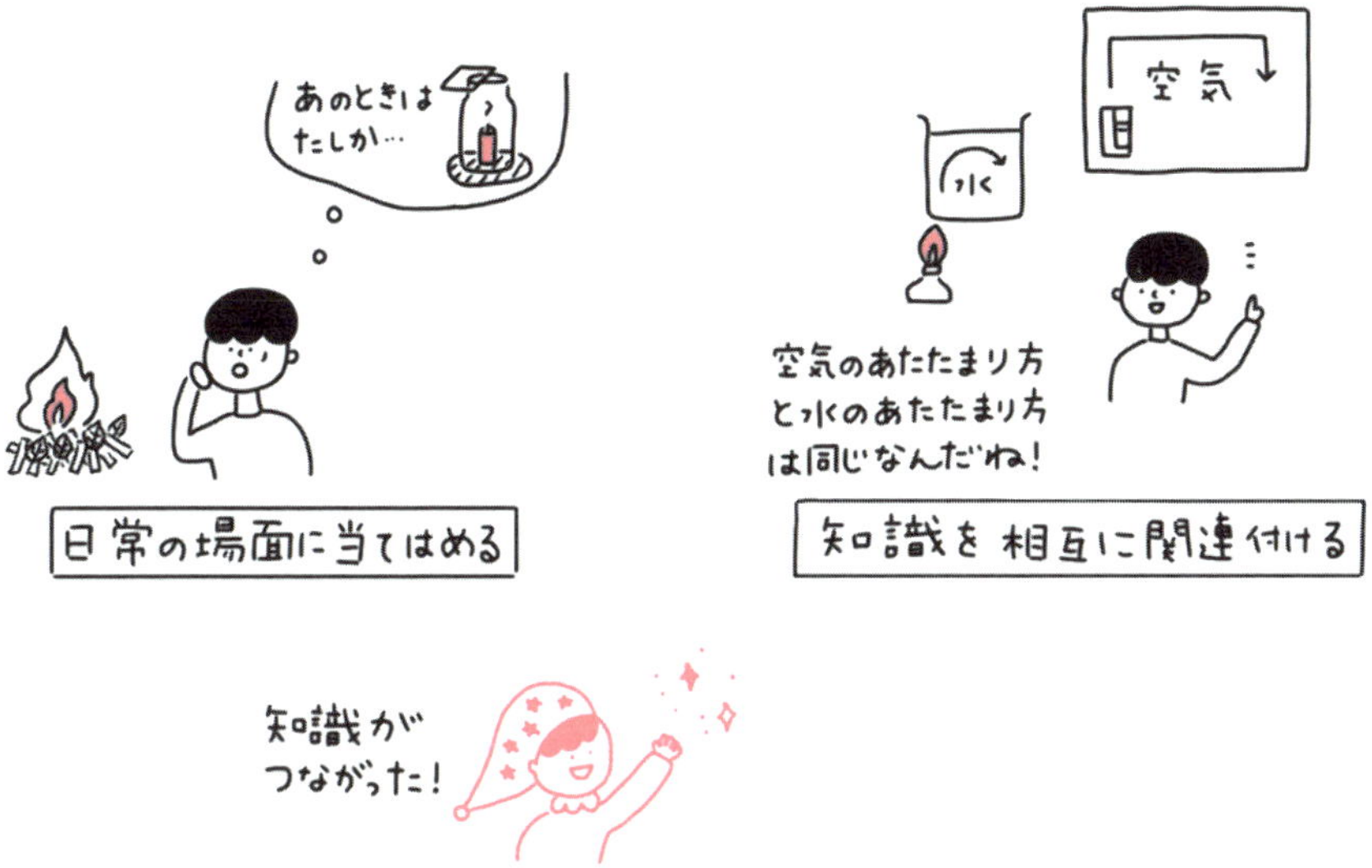

知識にすることなどが挙げられます。

「深い学び」を実現するためには、個別の**知識の習得だけにとどまる表層的な学習ではなく、問題解決のために一人一人が考える機会をつくったり、学習状況をメタ認知的に把握する場面をつくったりする**必要があります。この「考える機会」では、「どの場面で、子供にどこまで考えさせるのか」という、思考の「質」や「程度」が重要であり、教師があらかじめ想定しておくことが求められます。

また、学習した内容を**日常の場面に当てはめる機会を設ける**ことも大切です。例えば、第3学年「物と重さ」では、最初は「粘土は形が変わっても重さは変わらないのだろうか」という問題を見いだし、粘土を使って検証します。さらに、「日常の様々な物ではどうか」と考えながら、対象を粘土から別の物に広げて検証していき、「物は…」というように一般化していくのです。

全国学力・学習状況調査における活用の枠組み

全国学力・学習状況調査の理科では、主として「知識」に関する問題で、身に付けておかなければ後の学年の学習で影響のある内容や、日常生活において知っておかなくてはならない内容などを理解しているかどうかを問うこととしています。

また、主として「活用」に関する問題では、理科の学習で学んだ知識・技能が実際の自然の中で成り立っていることを捉えたり、日常生活の中で役立っていることを確かめたりすることができるかどうかを問うこととしています。特に、活用に関する問題では、「適用」「分析」「構想」「改善」の四つの枠組みで問題が作成されています。

子供の実態として、教科書に出ているのと同じ内容、同じ問題ならば答えられる一方で、違った場面や文脈では答えることができないという課題があります。それに対して、単に学んだことの知識の再生ではなく、未知の内容に対応できる力を問うような問題が作成されているのです。

■主として「知識」に関する問題

科学の基本的な概念等を柱とした
理科の内容を理解しているかどうかを問う

「知識」「技能」

■主として「活用」に関する問題

実際の自然や日常生活などの他の場面や他の文脈において、
学習で身に付けた知識・技能を活用しているかどうかを問う

「適用」「分析」「構想」「改善」

全国学力・学習状況調査における活用の四つの枠組み	
「適用」	理科で学んだ自然の事物・現象の性質や働き、規則性などに関する知識・技能を、実際の自然や日常生活などに当てはめて用いることができるかどうかを問うもの。
「分析」	自然の事物・現象に関する様々な情報及び観察、実験の結果などについて、その要因や根拠を考察し、説明することができるかどうかを問うもの。
「構想」	身に付けた知識・技能を用いて、他の場面や他の文脈において、問題点を把握し、解決の方向性を構想したり、問題の解決の方法を想定したりすることができるかどうかを問うもの。
「改善」	身に付けた知識・技能を用いて、自分の考えた理由やそれを支える証拠に立脚しながら主張したり、他者の考えを認識し、多様な観点からその妥当性や信頼性を吟味したりすることなどにより、批判的に捉え、自分の考えを改善できるかどうかを問うもの。

なお、理科に関する知識・技能は、単に身に付けているだけでなく、観察、実験を中心とした問題解決による学習活動や、実際の自然や日常生活などの他の場面や他の文脈において発揮されることが重要です。したがって、問題では、「知識」の問題を単独で問うのではなく、「知識」と「活用」の問題を一体的に問うものとして構成し、作成されています。

また、問題形式は、選択式、短答式、記述式の3種類です。調査問題では、観察、実験の結果を整理し考察する学習活動や、科学的な言葉や概念を使用して考えたり説明したりする学習活動を踏まえ、記述式の問題を一定の割合で導入することとされています。

「問題を見いだす力」
「予想や仮説を発想する力」との結び付き

活用の枠組み「適用」

「適用」は、**理科で学んだことを実際の自然や日常生活などに当てはめて活用すること**です。

自分が知っていることを、その場面に当てはめてみたときに、うまく解決できる場合と、そうでない場合があります。

自分が知っていることだけで解決できそうな部分については、その方法を適用させて調べることができますが、そうでない部分については、問題を見いだし、予想や仮説を立てるなどの活動につなげていきます。これは、各学年で重視したい問題解決の力のうち、第3学年の「問題を見いだす力」、第4学年の「根拠のある予想や仮説を発想する力」に関連しています。

未知の場面に出会ったとき、自分が知っていることの中から、何が使えるのかについて考えて当てはめてみることは、主体的な問題解決を行う上で大きな意味をもっていると言えるでしょう。

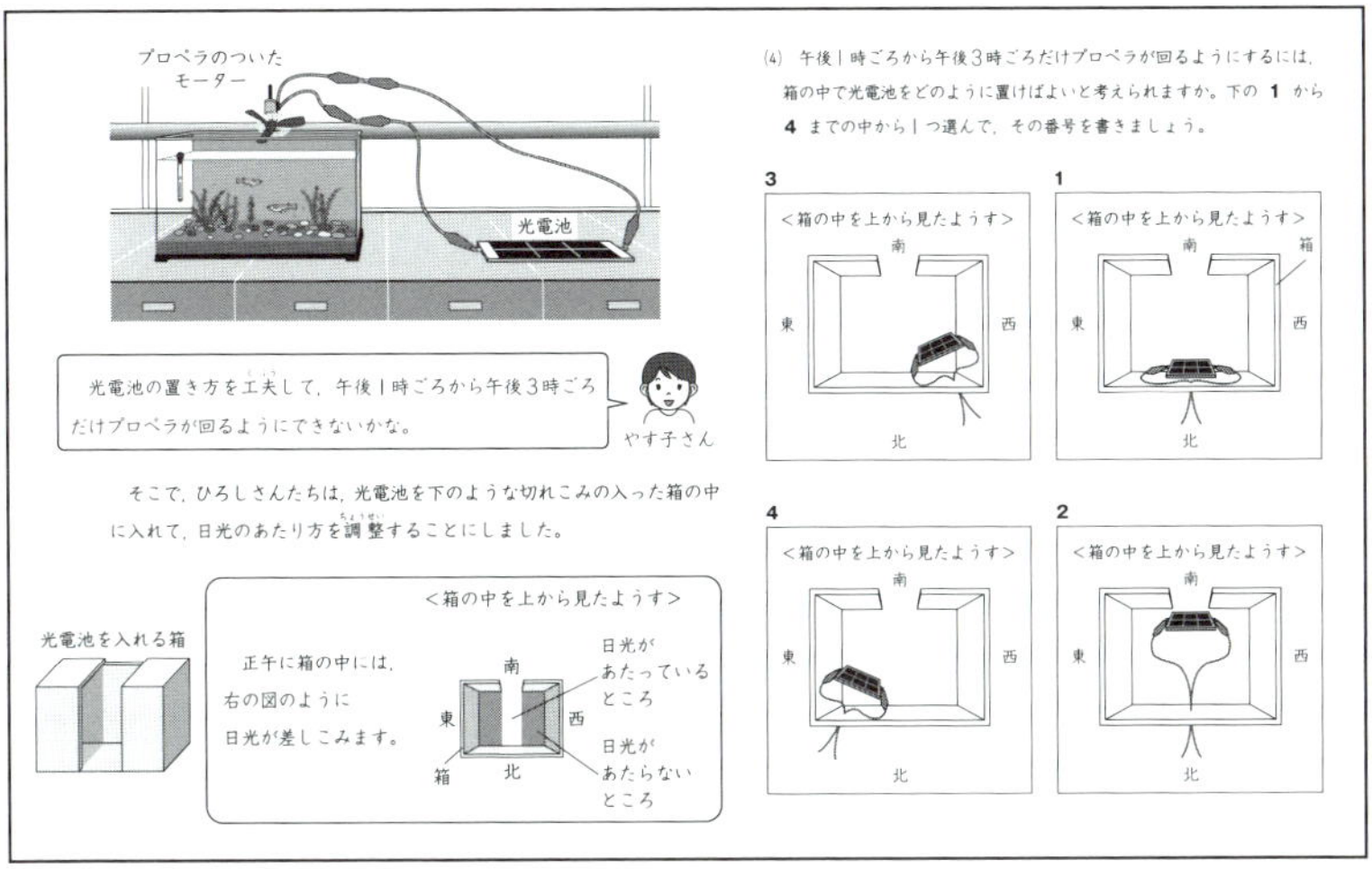

平成30年度全国学力・学習状況調査　調査問題「適用」

大問３⑷　太陽の一日の位置の変化と光電池に生じる電流の変化の関係を、ものづくりに適用できるかどうかをみる問題

この問題では、第３学年「太陽の一日の位置の変化」「光の進み方」と第４学年（新学習指導要領では６年に移行）「光電池の働き」について獲得した知識を、実際のものづくりに適用することを求めています。

指導に当たっては、設定した目的に対し、複数の領域や単元で獲得した知識を適用できるようにすることが大切です。本設問のように、「午後１時頃から午後３時頃のメダカの水槽の水温を下げるようにしたい」という目的を達成するには、これまでに獲得した知識として、「時間経過による太陽の一日の位置の変化」と「光が当たったときに発電する光電池の性質」を子供が想起し、適用できるようにすることが求められます。また、光電池を入れる箱の切れ込みの幅、設置する光電池の角度などは、獲得した知識の適用だけでなく、実際につくり、試しながら調節する必要があります。「ある時間だけ光電池を発電させる」という目的の下、実際の発電状況を計測して、繰り返し試しながら光電池の置き方を制御するといった「目的・計測・制御」の考え方に基づいたものづくりの活動の充実を図ることが大切です。

【正答】４

活用の枠組み「分析」

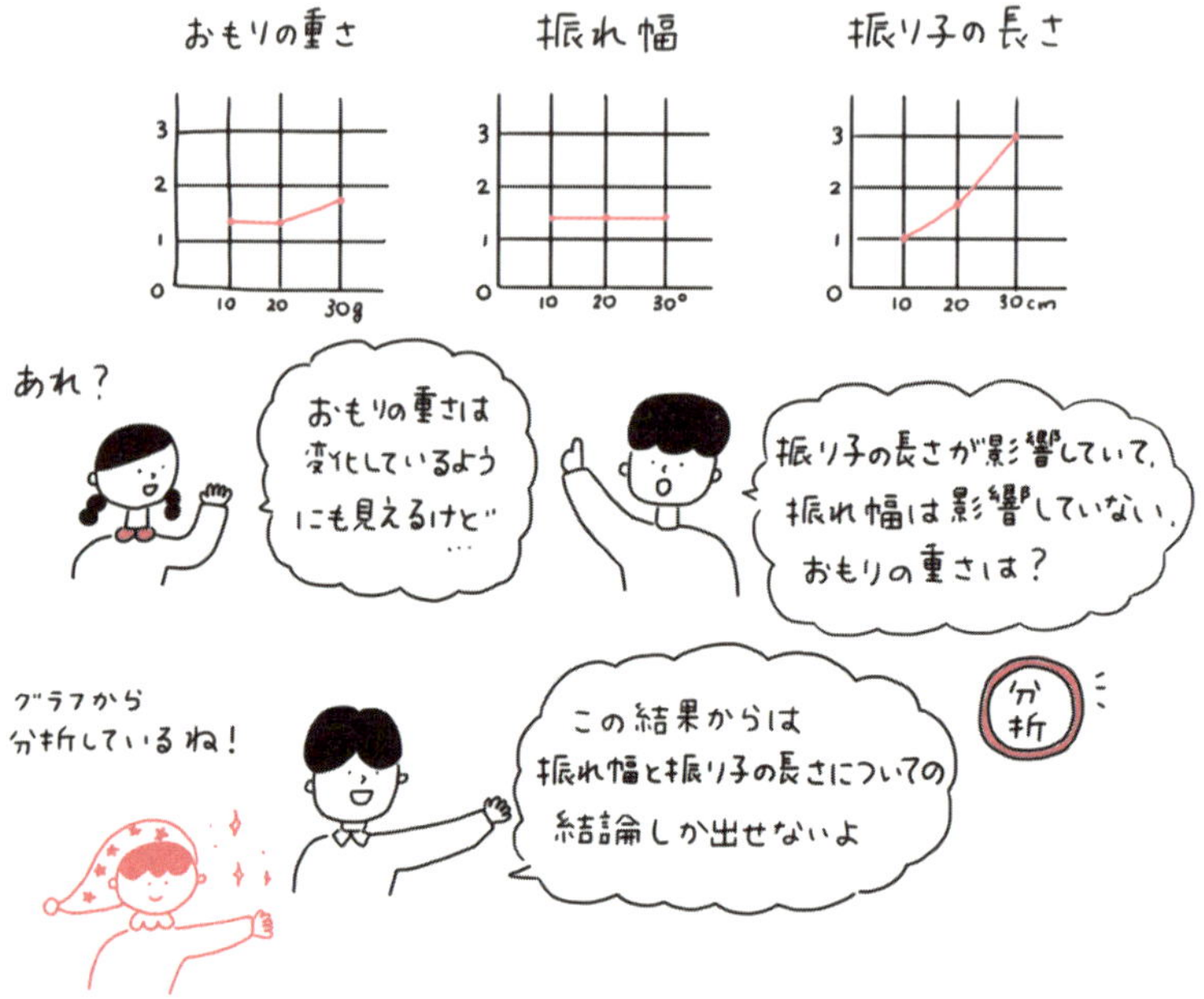

「分析」とは、**自然の事物・現象に関する観察、実験の結果などについて、その原因や根拠を考え、説明すること**です。

観察、実験の結果を様々な視点で整理していく中で、原因となるものを発見したり、傾向やきまりを見いだしたりすることが大切です。そして、その中から、知識につながる考えを構築していくことも大切な役割と言えます。

また、観察、実験のデータの中から、不適切なデータを見付けて再実験を行うなど、改善につなげる思考も「分析」に含まれます。

観察、実験を計画したときに、何を明らかにしようとしていたか、結果はそれを示しているのか、そうでないのかに目を向け、分析をすることが重要です。

このように「分析」は、第6学年で重視したい問題解決の力である「より妥当な考えをつくりだす力」につながるものと言えるでしょう。

かつやさんは，学校の屋上で空を観察しました。近くを流れる川の上流のほうに大雨を降らすような大きな雲があることに気づき，このあとの川の水位（水面の高さ）がどのようになるかを考えることにしました。

下の表は，かつやさんの学校から見える川の上流のほうの空を見たようすと，雨の降っているところを示す気象レーダー，川の水位を表したものです。

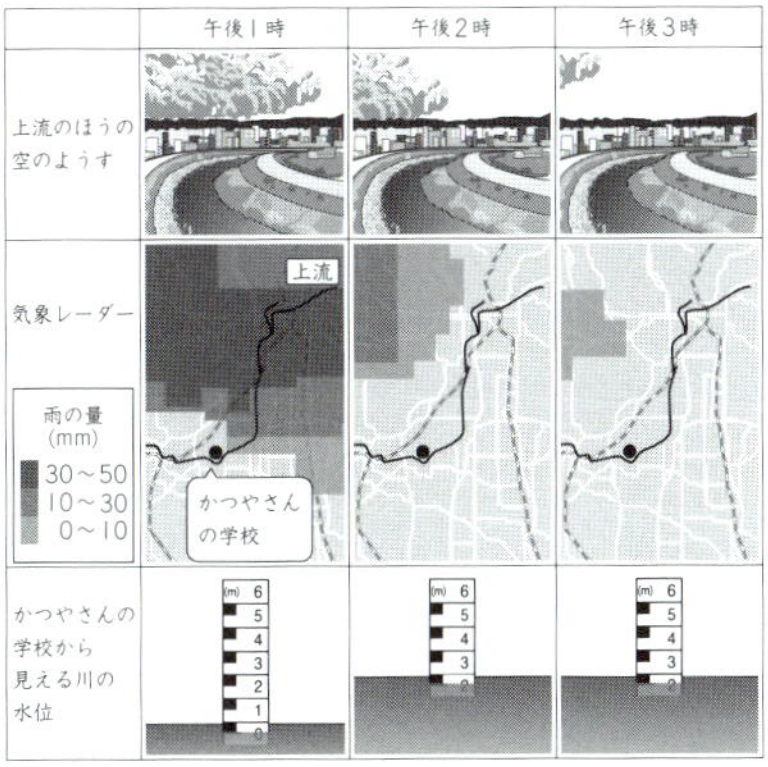

(4)　前のページの表から，かつやさんの学校から見える川の水位についてどのようなことがいえますか。下の **1** から **4** までの中から**2つ**選んで，その番号を書きましょう。

1　上流で雨が降り始めると同時に，水位は高くなる。
2　上流で雨が降って１～２時間たってから，水位は高くなる。
3　上流で雨がやんでも，水位は１～２時間では変わらない。
4　上流で雨がやむと同時に，水位は元にもどる。

上流側の天気と水位の関係が分析できるかな

平成30年度全国学力・学習状況調査　調査問題「分析」
大問２⑷　複数の情報を関係付けながら、分析して考察できるかどうかをみる問題

この問題では、第５学年「流水の働き」と「天気の変化」の学習内容に関わる複数の情報を関係付けながら、多面的に分析して考察することを求めています。

指導に当たっては、本設問のように、雲の様子や川の水位などを観察した結果や気象レーダーや雲画像の内容など、子供が目的に応じて複数の情報を収集できるようにすることが大切です。その際、必要な情報をリアルタイムに収集・蓄積したり、グループや学級全体で共有したりすることができるように、タブレットＰＣや電子黒板などの活用が考えられます。そして、収集した複数の情報を基に多面的に分析し、より妥当な考えをつくりだすことが大切です。

本問題のように、上流側の降雨量と下流側の川の水位の関係を考える場面を設定することにより、上流側の天気によっては川の水位が急激に上昇する可能性があると捉えることも期待できます。

【正答】２、３

「解決の方法を発想する力」との結び付き

活用の枠組み「構想」

「構想」とは、**身に付けた知識や技能を使いながら、他の場面や他の文脈において問題を解決するための方向性や方法を考えること**です。

変化するものを調べるときに揃えなければならない条件は何か、どのようにすればより正確なデータが得られるのかなど、解決の方法に結び付くように知識や技能を生かすことが求められます。

子供たちは、目の当たりにした事象から予想を立て、それを基に話し合いをします。そうすると、互いの考えにズレがあることが明らかになります。そのズレを検証すべく、観察や実験は計画されるのです。だからこそ、「構想」を行う際には、互いの考えを表現し合うこと、その表現を基に何を確かめるべきか子供自身が考えることが必要になります。

「構想」は、第5学年で重視したい問題解決の力である「解決の方法を発想する力」につながるものと言えるでしょう。

ひろしさんたちは，予想を確かめるために，２つの検流計《けんりゅうけい》を使って，下の図の回路で実験することにしました。

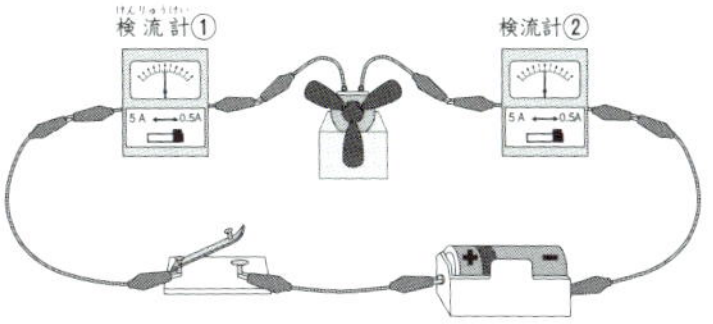

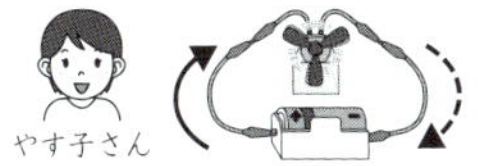

かん電池の＋《プラス》極からモーターを通って－《マイナス》極へ電気が流れていて，モーターからもどってくるときは，電気の量は，減っていると思うよ。

(2)　**やす子さんの予想が正しければ**，検流計①の針《はり》が右にふれて３の目盛《めも》りを指したときに，検流計②の針はどのようになると考えられますか。下の **1** から **4** までの中から１つ選んで，その番号を書きましょう。

1

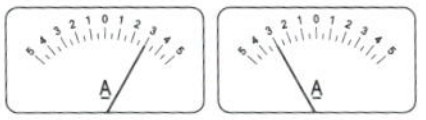

針の向き：検流計①と逆。
針の目盛り：検流計①と同じ。

2

針の向き：検流計①と同じ。
針の目盛り：検流計①とちがう。

3

針の向き：検流計①と逆。
針の目盛り：検流計①とちがう。

4

針の向き：検流計①と同じ。
針の目盛り：検流計①と同じ。

平成30年度全国学力・学習状況調査　調査問題「構想」

大問３⑵　電流の流れ方について予想をもち、その結果を見通して実験方法を構想できるかどうかをみる問題

この問題では、４年「電気の働き（新学習指導要領では、電流の働き）」の学習で獲得した知識を基に、電流の流れ方についての予想をもち、その結果を見通して実験方法を構想することを求めています。

指導に当たっては、本設問のように、まずは、回路の中をどのように電流が流れているかについて、予想したことを図などで表現することが大切です。

そして、互いの予想について話し合うことで、自分と他者の考えの違いを把握できるようにします。そうした上で、予想を確かめるための実験方法を構想し、その結果の見通しについて話し合う場面を取り入れます。

自分と異なる予想についても、その予想が確かめられた場合に得られる結果の見通しをもつことができるようになります。

【正答】２

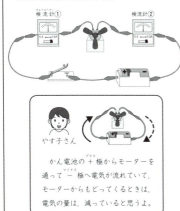

「より妥当な考えをつくりだす力」との結び付き

活用の枠組み「改善」

「改善」とは、**多様な観点から、自分の考えの妥当性や信頼性を批判的に吟味することにより、考えを修正したり、よりよくしたりすること**です。

自分の考えを改善するためには、他者の考えと比較しながら見直したり振り返ったりして、多面的に考察することが大切です。その結果として、第6学年で重視したい問題解決の力である「より妥当な考えをつくりだす力」につながります。

授業の中で「改善」を行うためには、安全に十分配慮した上で、失敗を許容する必要があります。電磁石の巻き数だけでなく導線の長さも変えた、振り子のおもりの数だけでなく長さも変えた、そんなときにこそ「改善」がなされます。方法だけでなく、思考もあわせて「改善」されていることに着目しましょう。

また、観察、実験の方法を見直すことは、よりよいものを追究しようとする姿にもつながるでしょう。

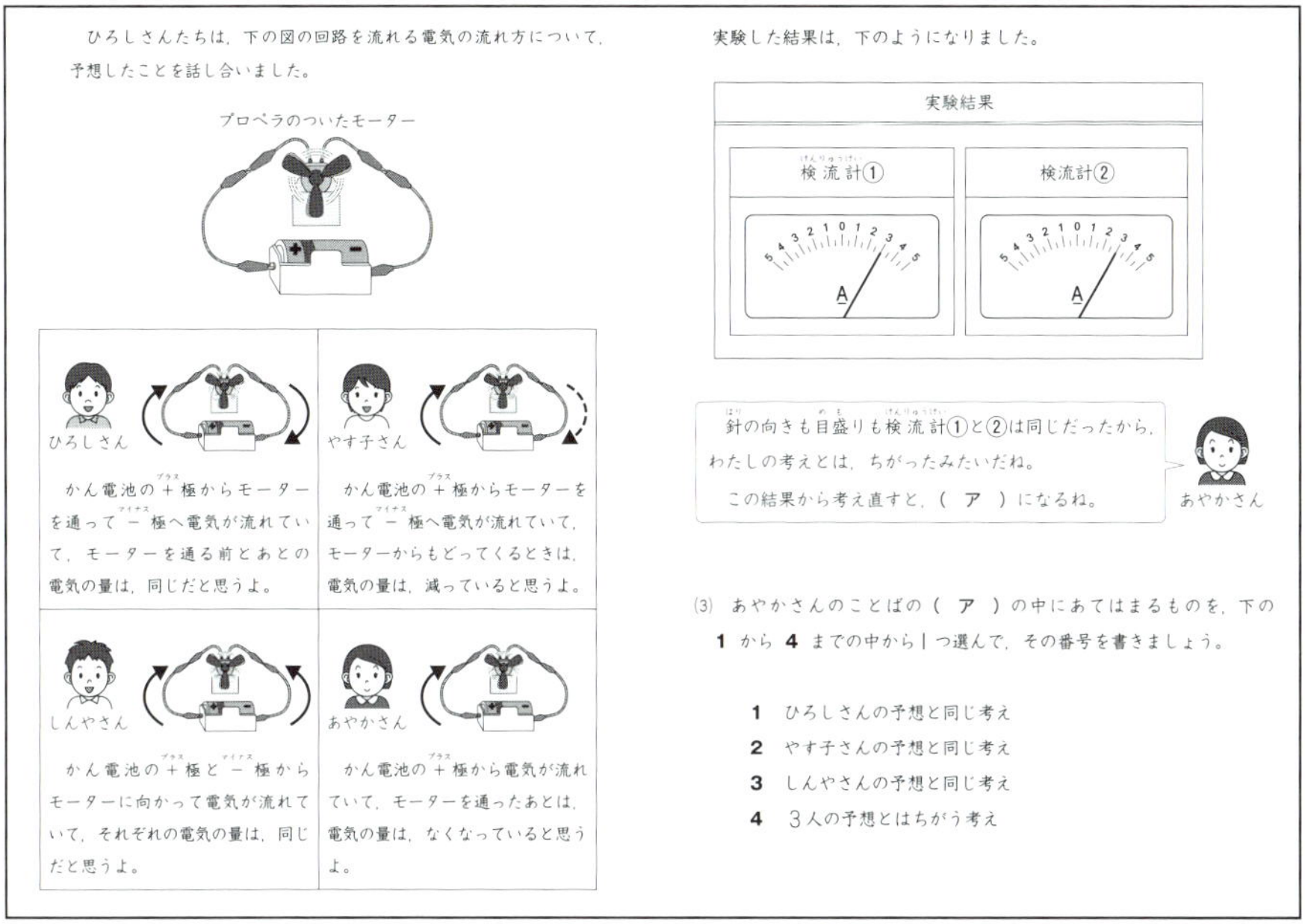

ひろしさんたちは，下の図の回路を流れる電気の流れ方について，予想したことを話し合いました。

ひろしさん
かん電池の＋《プラス》極からモーターを通って−《マイナス》極へ電気が流れていて，モーターを通る前とあとの電気の量は，同じだと思うよ。

やす子さん
かん電池の＋《プラス》極からモーターを通って−《マイナス》極へ電気が流れていて，モーターからもどってくるときは，電気の量は，減っていると思うよ。

しんやさん
かん電池の＋《プラス》極と−《マイナス》極からモーターに向かって電気が流れていて，それぞれの電気の量は，同じだと思うよ。

あやかさん
かん電池の＋《プラス》極から電気が流れていて，モーターを通ったあとは，電気の量は，なくなっていると思うよ。

実験した結果は，下のようになりました。

実験結果

針《はり》の向きも目盛《めも》りも検流計《けんりゅうけい》①と②は同じだったから，わたしの考えとは，ちがったみたいだね。
この結果から考え直すと，（　ア　）になるね。
あやかさん

⑶　あやかさんのことばの（　ア　）の中にあてはまるものを，下の **1** から **4** までの中から１つ選んで，その番号を書きましょう。

1　ひろしさんの予想と同じ考え
2　やす子さんの予想と同じ考え
3　しんやさんの予想と同じ考え
4　３人の予想とはちがう考え

平成30年度全国学力・学習状況調査調査問題「改善」

大問3⑶　実験結果を基に、電流の流れ方に関する自分の考えを改善できるかどうかをみる問題

この問題では、4年「電気の働き（新学習指導要領では、電流の働き）」の学習で獲得した知識を基に、問題に対する自分の予想について、実験から得られた結果と照らし合わせながら、予想した内容を改善し、より妥当な考えをつくりだす力を求めています。

指導に当たっては、本設問のように、実験後の考察場面において、自分の考えだけではなく他者の考えも含めた多様な考えを振り返り、自分の考えをより妥当な考えに改善できるようにすることが大切です。そのためには、p.61の大問3⑵にある場面のように、実験前に自分の予想や結果の見通しだけではなく、他者の予想や結果の見通しを把握しておくことが大切です。

【正答】1

言語活動の充実

(1) 体験の充実から生まれる「言語」の必要性

子供は自然の事物・現象と出会ったときに、過去の類似した事物・現象(経験)と関係付けようとします。この過去の類似した経験は、論理を伴った知として長期記憶にあり、この経験の記憶を引き出すのです。子供自身が、過去の類似した経験を引き出すことができるような体験の場が必要です。

関係付けが行われた結果、過去の経験と新たに出会った事物・現象との比較により、因果関係の要因が抽出され、意味付けされたものが、予想や仮説として言葉で表現されることになります。

(2) 理科における言語活動の充実

これまでの理科においては、子供が主体の問題解決の中で、自然の事物・現象に親しむこと、観察、実験を行うことを重視しながら、見通しをもったり、考察したりするために、話合いや伝達、表現の手段として言語を使用してきました。資質・能力の育成を目指すこれからの理科の授業においても、**観察、実験といった「体験」を重視し、見通しや考察といった「言語」を充実させる**必要があります。

(3) 思考力・判断力・表現力等と言語活動の充実

新学習指導要領では、指導計画の作成と内容の取扱いの中で、次の配慮事項を示しています。

> 問題を見いだし、予想や仮説、観察、実験などの方法について考えたり説明したりする学習活動、観察、実験の結果を整理し考察する学習活動、科学的な言葉や概念を使用して考えたり説明したりする学習活動などを重視することによって、言語活動が充実するようにすること。

問題解決の過程においては、自然の事物・現象から**問題を見いだし、根拠のある予想や仮説を発想したり、その予想や仮説を基に、解決の方法を考えたりする**ときに、より言語活動の充実が求められると言えます。

また、自らの観察記録や実験データを表に整理したりグラフに処理したりして、それを基に考察を行うとき、さらに、**これらの表やグラフなどを活用しつつ科学的な言葉や概念を使用して考えたり説明したりする**ときなどに、より言語活動の充実が求められると言えます。

このような学習活動が、学級全体での話合いやグループ活動を通して行われ、繰り返されることにより、言語活動が充実していきます。そして、それらの活動を通して、思考力、判断力、表現力等の資質・能力を育成していくことが重要です。

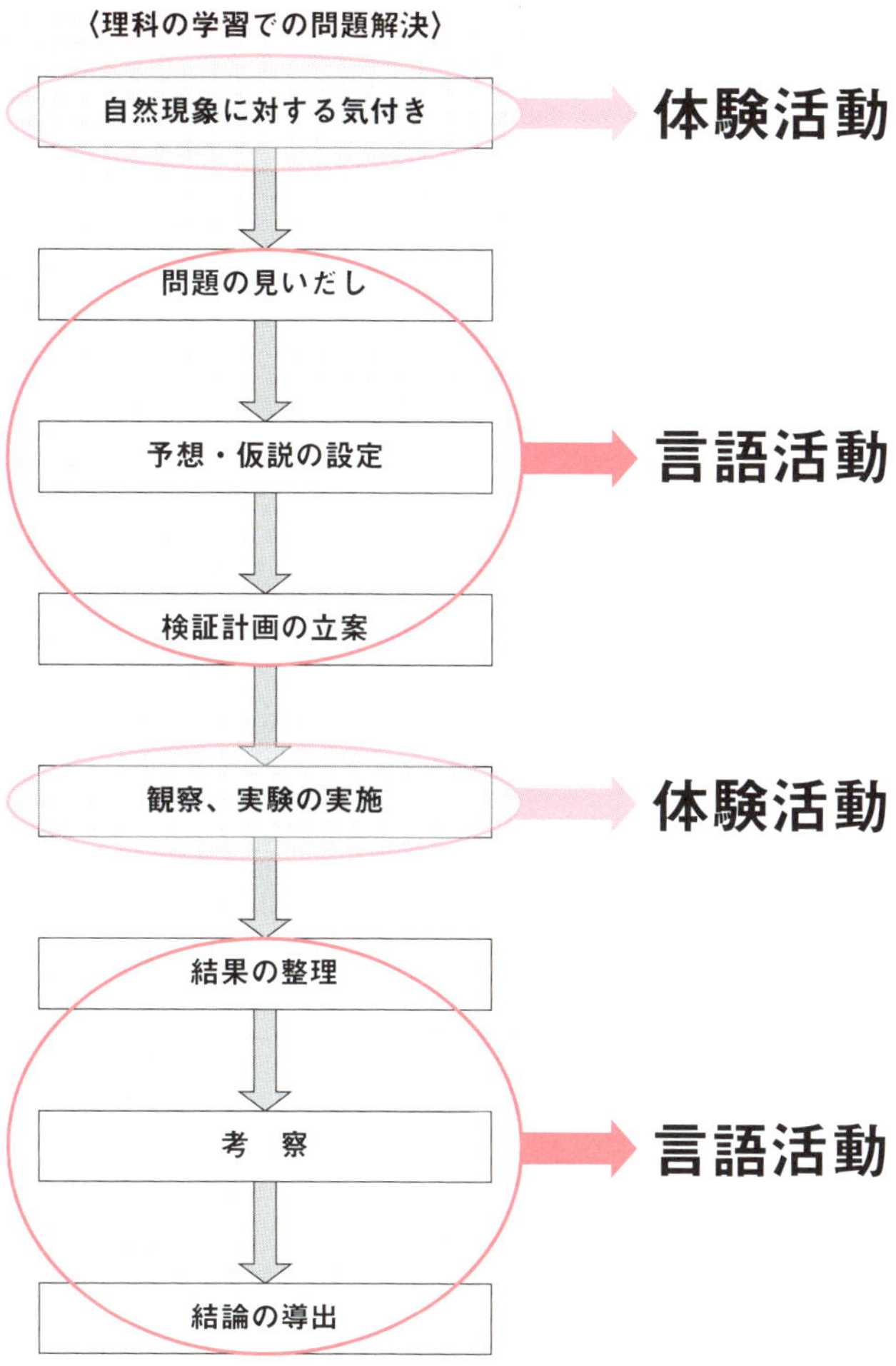

言語活動の充実を図った「予想や仮説」の設定

「予想や仮説」で大切にすること

・予想や仮説の根拠を言葉で整理し、表現する
・予想や仮説を話し合うことで、その妥当性を高める

「予想や仮説」で実現できること

・解決の方法を発想することにつながる
・子供が主体の問題解決につながる

予想や仮説の場面
でこんなことが
できるようになるよ

理科の目標では、「見通しをもって観察、実験を行う」と示されています。「見通しをもつ」とは、見いだした問題に対して予想や仮説をもち、その予想や仮説を確かめるための解決の方法を発想することです。また、予想や仮説が確かめられたときの観察、実験の結果についても想定しておくことが含まれます。

子供の考えは、生活経験や既習内容を根拠にしている場合が多く、言葉を使ってその根拠を示しながら、話合いを通して、より妥当な予想や仮説に高めていくことが求められます。

このような過程を通して、**他者の考えを受け入れながら、様々な視点から自分の考えを柔軟に見直していく**ことによって、解決の方法を発想することにつながります。

このように、観察、実験の前に自分の考えをしっかりもつことは、**子供が主体となって問題解決を実現するための大切な視点**です。

言語活動の充実を図った「考察」の展開

「考察」で大切にすること

- 予想や仮説を観察や実験の結果と照らし合わせて考える
- 観察、実験の結果の妥当性を吟味する
- 観察、実験の結果の「共通性」や「傾向性」を把握する
- 事実やデータを全体的に捉えて、解釈する

考察の場面では
こんなことを意識しよう

考察とは、観察、実験の結果から何が言えるのかを考えることです。また、**考察する際には、予想や仮説の内容と観察、実験の結果を照らし合わせて考える**ことが大切です。子供が自分自身で立てた予想や仮説はどんな内容だったのか、何をしようとして観察、実験を行い、その結果から何が言えるのかを振り返りながら考えることが重要です。

考察する際には、観察、実験の結果に信憑性がなくてはなりません。そもそも捉えが曖昧な状態では、より妥当な考えを導くことはできません。実験を複数回実施したり、他のグループの結果と比較したりするなど、**結果の妥当性を吟味する場を保障する**工夫が必要です。

しかし、どれだけ信憑性を高めようとしても、観察、実験の結果には誤差などが生じます。そのため、一つ一つのデータを個別に見るのではなく、**共通性を捉えたり、傾向をつかんだりして、全体的に捉えていく**ことが求められます。

カリキュラム・マネジメント

答申において、「よりよい学校教育を通じて、よりよい社会を創る」という目標が立てられました。この目標を学校と社会が共有し、連携・協働しながら、新しい時代に求められる資質・能力を子供たちに育む「社会に開かれた教育課程」の実現を目指すことになります。そのとき、学校、家庭、地域の関係者が幅広く共有し活用できる「学びの地図」としての役割を学習指導要領等が果たすことが期待されています。

カリキュラム・マネジメントは社会に開かれた教育課程の実現、そしてその先にあるよりよい社会を創るため、各学校において、改善・充実の好循環を生み出すものとして示されました。その際の教育課程の基が、学びの地図である「学習指導要領」というわけです。

各学校において、カリキュラム・マネジメントを行う際の目的等を整理しておきましょう。

(1) カリキュラム・マネジメントの目的

各学校においてカリキュラム・マネジメントを行う目的は、資質・能力の育成です。ここでいう資質・能力は、次の二つが挙げられます。

①学習の基盤となる資質・能力（言語能力、情報活用能力、問題発見・解決能力等）

②現代的な諸課題に対応して求められる資質・能力

カリキュラム・マネジメントを行うことで、これらの資質・能力が育成されることが求められているのです。

(2) カリキュラム・マネジメントでできること

教科等の目標や内容を見通し、例えば理科や社会、国語などの、教科の枠を越えて教科横断的な学習が実現し、学習が充実します。「主体的・対話的で深い学び」の実現に向けた授業改善を、単元や題材等、内容や時間のまとまりを見通して行うことができます。

(3) カリキュラム・マネジメントの実現のために

学校全体で、子供や学校、地域の実態を適切に把握することが必要です。教育内容や時間の配分、人的・物的体制の確保など、教育課程の実施状況を踏まえ、組織的かつ計画的に教育活動の質を向上させましょう。

一口にカリキュラム・マネジメントと言っても、そこで行われることは多岐にわたります。

①**教科横断的な学習**：例えば、算数の「重さ」と第3学年「物と重さ」をつなげるような学習。

②**単元や内容のまとまりを意識した学習**：例えば、第4学年で空気の圧縮による体積変化、空気の温度変化による体積変化や空気の温まり方などをつなげるような学習。

③**授業内で時間を区切る学習**：例えば、インゲンマメやメダカの観察等は継続観察が必要なので、授業前半10分を観察の時間にあてるなど、柔軟な時間の運用。

ここに挙げたもの以外にも、様々な学習が考えられるでしょう。子供や地域の実態を考慮しながら、教育課程の改善を繰り返していく中で、その学校独自のカリキュラムをつくっていきます。重要なのは、**カリキュラムをつくり上げた時点で終わりではなく、時間の経過に伴って変化する子供や地域の実態を把握しながら、更新し続けること**です。

たとえカリキュラムを変更することはなくても、この方法でよいか、常に省みながら、子供の様子や授業中の指導や支援に目を向け続けることが、カリキュラム・マネジメントの効果を高めます。特定の指導方法を疑いもなくそのまま取り入れて授業するのではなく、それが目の前の子供に合っているかどうかを見ながら微調整する工夫こそが、教師の役割ではないでしょうか。

教科をつなげるカリキュラム・マネジメント

教科という枠組みを意識しながらも、関連の深い内容につながりをもたせて授業を行うことは重要です。

理科は、自然の事物・現象と向き合いながら行う教科であるため、他教科とつながるチャンスは多いと言えます。前述したように、観察、実験の結果を数値にして示す際には、算数で学習したことが活用できます。結果をまとめ、分析をする際の、平均やグラフ化という作業には、算数で学んだことが欠かせないでしょう。また、社会科との関連も挙げられます。第4学年「水の循環」では下水道や上水道と、第6学年「水溶液の性質」では公害等の内容とつなげると効果的でしょう。第3学年「身の回りの生物」の色、形、大きさを捉える感覚を、図画工作に生かすことも考えられます。

学習内容に汎用性をもたせるとともに、妥当性の吟味など思考の面で教科を越えてつながることを視野に入れると更に充実します。

4-2 授業改善

単元をつなげるカリキュラム・マネジメント

小学校理科の内容は、A区分の「物質・エネルギー」、B区分の「生命・地球」に分けられています。そして、各学年は、7から9の単元に分かれています。

例えば、第4学年の学習内容で「水」に関連する単元は、8単元中4単元。なんと半分の単元は水に関連するのです。**温度、体積、状態、場所などに応じた水のあらゆる変化を、加熱や圧縮などの観察や実験を通して捉えていきます**。それぞれの単元で学んだことを結び付けないのはもったいないでしょう。「あんなに圧しても縮まなかった水を冷やすと体積が小さくなる」というように、注射器などに入れて圧したときの体感が想起できていれば、感動も大きくなるはずです。

第6学年**「水溶液の性質」と「消化・吸収」をつなげる**のも面白いでしょう。胃液や腸液の液性を意識すれば、消化の巧みさに気付き、自分の身体を深く理解するのではないでしょうか。可能性はまだまだありそうです。

授業をつなげるカリキュラム・マネジメント

教科横断的な内容の関連や系統性を意識したカリキュラム・マネジメントについて述べてきましたが、授業単位のカリキュラム・マネジメントが最も行いやすいでしょう。子供の意見を取り入れながら、学級の中で行うことができます。

例えば、第3学年「磁石の性質」の授業では、子供が自由試行を行い、磁石についての発見や疑問をたくさん見いだします。それを付箋に書いて、模造紙に貼ると、調べてみたいことがいくつかに分かれるでしょう。そこで、**どの順番で授業を進めていくか、教師を含めた学級全体で考えます。**これこそが学級で行うカリキュラム・マネジメントではないでしょうか。教科書はこの順序だね、去年はこの順序だったみたいだよと事例を示すものの、**学習の主体は子供たちにあるという意識付けを行う**のも効果的です。ただし、このような取組を行う際は、内容による順序性の有無を確認しておくことを忘れないようにしましょう。

第4章

授業づくりのQ&A

これは一体どういうこと？　こんなときどうすればいいの？
実際に授業づくりに取り組むに当たって、
たくさんの疑問が浮かぶはずです。
本章では、次の三つの項目に沿って、
細かな疑問にお答えしていきます。

1　何ができるようになるか
2　何を学ぶか
3　どのように学ぶか

目標から「実感を伴った理解」という言葉がなくなったけど、もう必要ないの？

いいえ、これからも大切なものです。資質・能力の三つの柱に沿って目標が整理されたことで、「実感を伴った理解」という意味が包含され、あえて表記する必要がなくなったというわけです。

「実感を伴った理解」という記述は、平成20年版学習指導要領の理科の目標から登場しました。これには、以下のものが含まれるとされました。

①具体的な体験を通して形づくられるもの
②主体的な問題解決を通して得られるもの
③実際の自然や生活との関係への認識

この3点からは、単なる知識の暗記ではなく、自分自身の体験や経験、日常とのつながりから理解することを大切にしていることが分かります。

新しい理科の目標には「実感を伴った理解」という言葉はないのですが、これを軽視しているわけではありません。理科の目標の中には、資質・能力の三つの柱に沿って、これからも変わらず大切にしていくべきだというメッセージが込められています。

理科の目標には、子供が問題解決の過程を通して、あらかじめもっている自然の事物・現象のイメージや素朴な概念などを、より妥当性の高いものに更新していくことで、自然の事物・現象についての理解を深めることが大切だと示されています。

上述の①～③の側面と理科の目標との関係を読み解いてみましょう。

①については、**「自然に親しみ」「見通しをもって観察、実験を行うことなど」**の部分に、対象に直接関わる重要性が含まれています。自然の事物・現象に自ら働きかけることが、実感を伴った理解につながるのです。

②については、**「問題解決の力を養う」「主体的に問題解決」**の部分などに、問題を解決することや主体的に学ぶことが含まれています。

③については、**「問題解決の力を養う」**の部分に、学

平成29年版	平成20年版
自然に親しみ①、理科の見方・考え方を働かせ、**見通しをもって観察、実験を行うことなど**①**を**通して、自然の事物・現象についての問題を科学的に解決するために必要な資質・能力を次のとおり育成することを目指す。 (1)自然の事物・現象についての理解を図り、観察、実験などに関する基本的な技能を身に付けるようにする。 (2)観察、実験などを行い、**問題解決の力を養う**②③。 (3)自然を愛する心情や**主体的に問題解決**②しようとする態度を養う。	自然に親しみ、見通しをもって観察、実験などを行い、問題解決の能力と自然を愛する心情を育てるとともに、自然の事物・現象についての**実感を伴った理解**を図り、科学的な見方や考え方を養う。 ①具体的な体験を通して ②主体的な問題解決を通して ③実際の自然や生活との関連を踏まえて

表記はなくても
意味は残って
いるよ!

習内容や生活経験を基に根拠のある予想や仮説を発想する力を育成することが含まれています。これは、実際の自然や生活との関係への認識に基づいたものです。

　このように、理科の目標の中には、「実感を伴った理解」という意味が含まれているのです。

　実際に理科の授業をする際には、単なる知識の暗記にとどまることのないよう、子供一人一人の実態に合わせて、子供の考えを引き出しながら問題を解決していくことが大切です。そのような方法をとれば、子供は自ら事象に関わるので、自ずと実感を伴いながら理解していくことになります。

　実感を伴った理解を促すために、特に大切にしたいことは、**子供自身が問題をもつこと、見通しをもって観察や実験に取り組むこと、問題に照らし合わせて自分自身の行ってきた問題解決の方法や結果を振り返ること**などです。その際に、教師が問題を与えてしまっていないか、教師が自分のもっていきたい方向に誘導しすぎていないか、子供の考えを十分に聞こうとしているか、などに留意するようにしましょう。子供が自分の行ってきたことを常に振り返る機会をつくっているか、教師自身が再確認することも大切です。

問題解決の活動を充実させるには、どうすればいいの？

「問題解決の力」と「考え方」との関連

	第３学年	第４学年	第５学年	第６学年
考え方	比較する	関連付ける	条件を制御する	多面的に考える
問題解決の力	差異点や共通点を基に、問題を見いだす力	既習の内容や生活経験を基に、根拠のある予想や仮説を発想する力	予想や仮説などを基に、解決の方法を発想する力	より妥当な考えをつくりだす力

問題解決の過程
問題の見いだし
予想・仮説の設定
検証計画の立案
観察、実験の実施
結果の整理、考察
結論の導出

整理すると、こんな感じ！

問題解決の過程を通じて、どのような「考え方」を働かせるのか、どのような「問題解決の力」を育成するのかを明確にすることが、問題解決の充実につながります。

これまでの指導においては、問題解決の過程を形式的に進めてしまい、子供が主体的に問題解決に取り組んでいるとは言えないような場面も見受けられました。

問題解決の道筋をたどるのは教師ではなく、あくまで子供自身です。**子供が自在に「見方・考え方」を働かせて主体的に問題解決することを保障する**必要があります。

上図のとおり、「比較」や「関係付け」などの「考え方」と、「問題解決の力」には関連性があります。それを踏まえながら、子供が主体的に問題を解決するために必要な力の育成を目指していきましょう。

学年ごとに重視されている「問題解決の力」は、問題解決の過程の順番に示されているの？

「問題解決の力」は、たしかに問題解決の過程を導入部分から順序よく示しているように見えます。しかし、決してそうではありません。

例えば、第3学年で示されている「差異点や共通点を基に、問題を見いだす力」は、授業の導入場面でのみ、育成すればよいものなのでしょうか？

解決したい問題について、みんなで実験を行い、結果を基に考察し、結論を導きだしたとしましょう。その結論を、再び自然の事物・現象に当てはめたとき、「それなら、これはどうなるの？」と疑問を抱いた子供の姿を思い浮かべてください。これは、子供が問題を見いだした姿です。すなわち、**「問題を見いだす力」が発揮されるのは、授業の導入場面とは限らない**のです。

第6学年で示されている「より妥当な考えをつくりだす力」に関しても、同様のことが言えます。

より妥当な考えをつくりだす場面として、まずは考察の場面が浮かぶと思います。「解決したい問題と正対しているか」「できるだけ多くの結果を基に結論を導き出そうとしているか」などといった視点から、自分たちの考えの妥当性を検討することで、より妥当な考えをつくりだす力が育成されます。

しかし、このような妥当性の検討は、他の場面でも重要な働きをするのです。例えば、解決の方法を発想する場面では、「本当にこの方法で問題が解決できるのか」といった視点で話し合うことで、より妥当な考えをつくりだす力を育成することができます。

したがって、**問題解決の力は、問題解決の過程に沿って、順序よく並べたというだけではない**のです。

目的・計測・制御の考え方に基づいた学習活動って何？

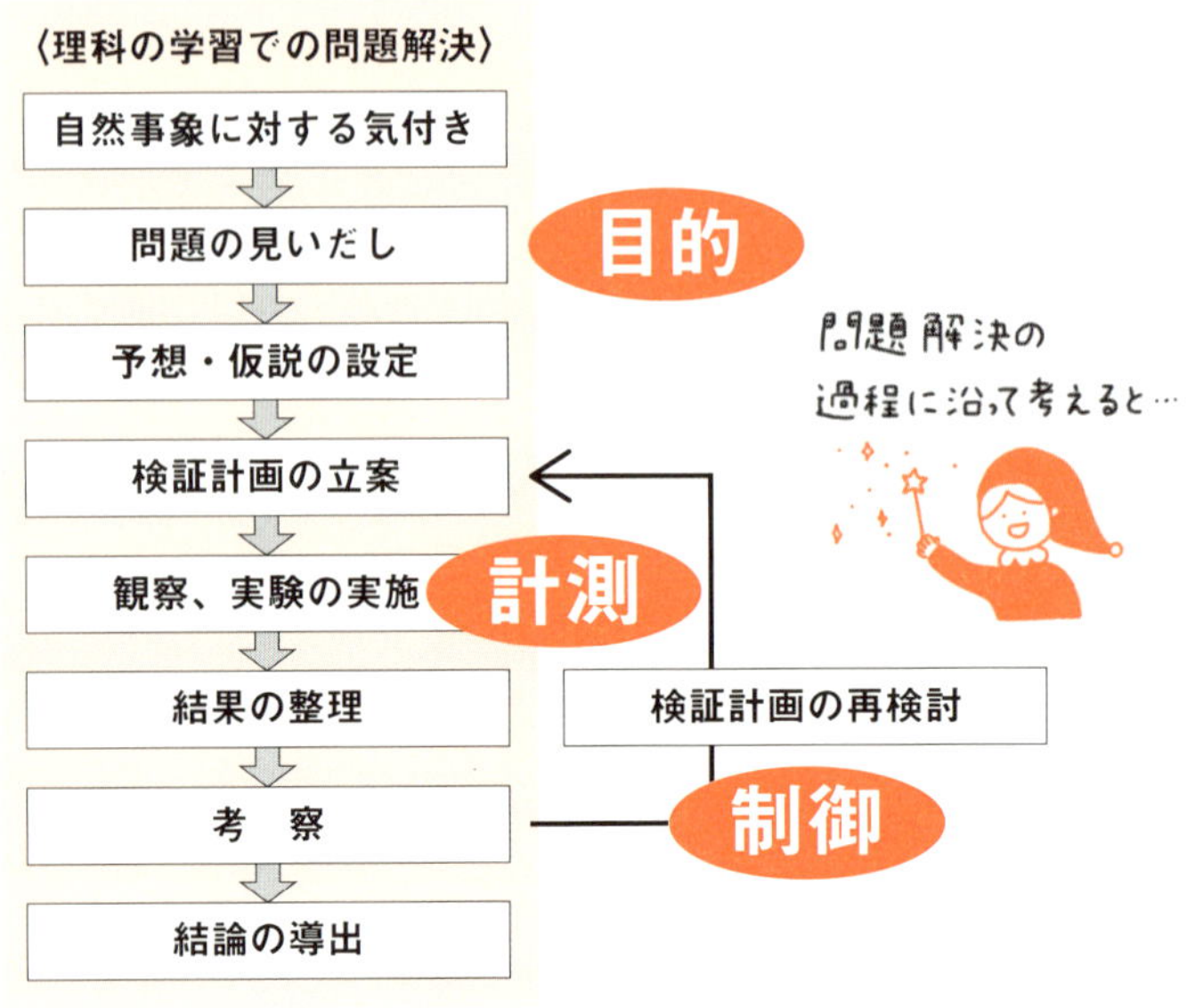
〈理科の学習での問題解決〉
自然事象に対する気付き
問題の見いだし
予想・仮説の設定
検証計画の立案
観察、実験の実施
結果の整理
考　察
結論の導出
目的
計測
制御
検証計画の再検討
問題解決の過程に沿って考えると…

明確な目的の下、主体的に計測を行い、条件を制御しながら調べる学習活動のことです。

教師の「今からこれを行いましょう」という合図で観察、実験が始まり、子供にとっては目的も分からないまま進んでいく、そんな授業展開はないでしょうか。

子供が、**何のために調べるのかという目的を明確に意識して**いれば、解決したい問題に対して「きっとこうなるはず」という予想や仮説をはっきりともつことができます。また、**その予想や仮説どおりの観察、実験の結果が得られるのか主体的に計測する**ことにつながります。

そして、得られた結果によってはもう一度観察、実験を行ったり、条件を制御して調べるといった解決方法の修正をしたりするなど、充実した学習展開が想定されるのです。

Q&A 1-5

「学びに向かう力、人間性等」は、内容ごとに設定されている？

「学びに向かう力、人間性等」については、内容ごとには設定されていません。各学年の目標に示されています。

各内容には、アとして「知識及び技能」、イとして「思考力、判断力、表現力等」が記載されています（p.22～23参照）。ウとして「学びに向かう力、人間性等」の記載があってもよさそうなものですが、どうしてないのでしょうか。

育成を目指す資質・能力について、「知識及び技能」は「習得」、「思考力、判断力、表現力等」は「育成」と表現されています。そして、「学びに向かう力、人間性等」については、**「涵《かん》養」**と表現されています。「涵養」には、ゆっくり養い育てることといった意味があります。つまり、時間がかかることなのです。

したがって、**「学びに向かう力、人間性等」は長いスパンで捉えるべきであり、内容ごとに区切って設定するのは適切ではない**とされています。

「学びに向かう力、人間性等」については、各学年の目標に掲げたものを、各内容を通して育成していこうとしているのです。

（例）　第３学年の目標

（1）物質・エネルギー
①（略）……………………… 知識及び技能
②（略）…………… 思考力、判断力、表現力等
③　物の性質、風とゴムの力の働き、光と音の性質、磁石の性質及び電気の回路について追究する中で、主体的に問題解決しようとする態度を養う。………… 学びに向かう力、人間性等

（2）生命・地球
①（略）……………………… 知識及び技能
②（略）…………… 思考力、判断力、表現力等
③　身の回りの生物、太陽と地面の様子について追究する中で、生物を愛護する態度や主体的に問題解決しようとする態度を養う。
………………… 学びに向かう力、人間性等

「科学的な見方や考え方」と「理科の見方・考え方」はどう違うの？

資質・能力を含むかどうかという点に両者の違いがあります。

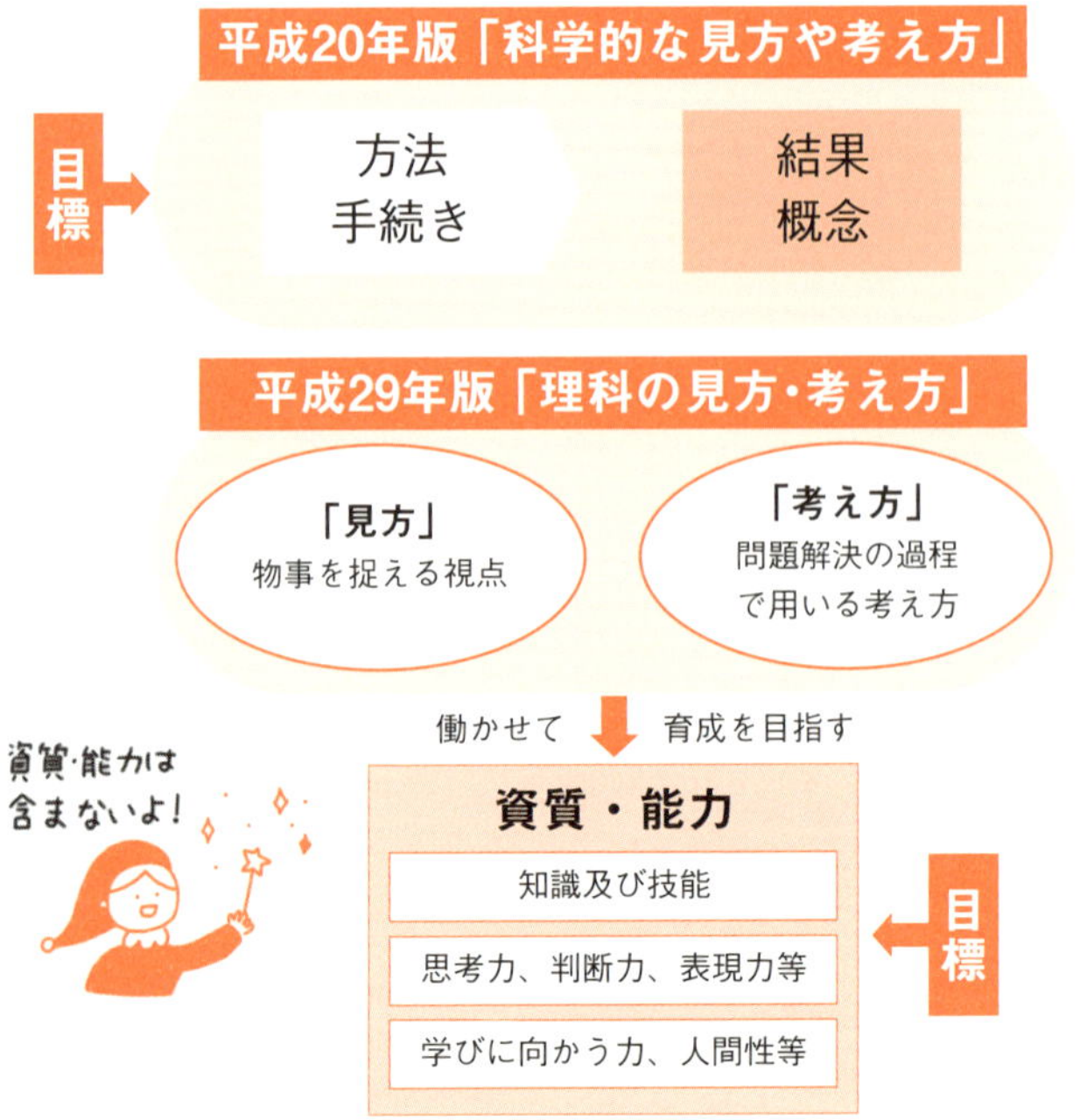
平成20年版「科学的な見方や考え方」
目標
方法
手続き
結果
概念
平成29年版「理科の見方・考え方」
「見方」
物事を捉える視点
「考え方」
問題解決の過程
で用いる考え方
働かせて
育成を目指す
資質・能力
知識及び技能
思考力、判断力、表現力等
学びに向かう力、人間性等
目標
資質・能力は
含まないよ！

平成20年版学習指導要領で示されている「科学的な見方や考え方」は、「問題解決の活動によって児童が身に付ける方法や手続きと、その方法や手続きによって得られた結果及び概念を包含する」と説明されています。これまでは、「科学的な見方や考え方」を育成することを重要な目標として位置付け、資質・能力を包括するものとして示されていました。

今回改訂された学習指導要領では、資質・能力が三つの柱で整理されました。さらに、「理科の見方・考え方」を働かせて、それらの資質・能力の育成を目指すとされています（p．20～21参照）。

つまり、「見方・考え方」は「物事を捉える視点や考え方」として、「資質・能力」と分けて整理されたということです。

「科学的」の捉え方は、これまでと同じでいいの？

"科学的"自体は
同じ意味だよ

平成29年版	平成20年版
自然に親しみ、理科の見方・考え方を働かせ、見通しをもって観察、実験を行うことなどを通して、自然の事物・現象についての問題を**科学的に解決する**ために必要な資質・能力を次のとおり育成することを目指す。 (1)　自然の事物・現象についての理解を図り、観察、実験などに関する基本的な技能を身に付けるようにする。 (2)　観察、実験などを行い、問題解決の力を養う。 (3)　自然を愛する心情や主体的に問題解決しようとする態度を養う。	自然に親しみ、見通しをもって観察、実験などを行い、問題解決の能力と自然を愛する心情を育てるとともに、自然の事物・現象についての実感を伴った理解を図り、**科学的な見方や考え方**を養う。 （↑）新学習指導要領で示している「資質・能力」(1)～(3)に該当するものが含意されている。 **※「科学的」の捉え方は新旧で同様。** **科学の基本的な条件は、実証性・再現性・客観性。**

「科学的」は、これまでは「見方や考え方」を、新学習指導要領では「解決する」を修飾しています。しかし、「科学的」の捉え方は、新旧の学習指導要領で同じです。

小学校理科での「科学的」とは、**実証性**（観察、実験などによって検討可能か）、**再現性**（人や時間や場所を変えて複数回行っても同じ結果になるか）、**客観性**（誰もが承認し、納得するか）といった条件を検討する手続きを重視することです（p.44参照）。これは、新旧の学習指導要領で変わりません。

平成20年版学習指導要領では「科学的な見方や考え方」という用語の中に、資質・能力が含意されていましたが、新学習指導要領では、「見方・考え方」は「資質・能力」の育成のために働かせるものとして、全教科等で整理されました（p.20～21参照）。

そのため、「科学的な見方や考え方」という用語が使われなくなったのです。

見方・考え方はどちらを先に働かせるの？

同じ自然の事物・現象でも、経験や学習内容、問題解決の場面によって、子供が働かせる見方・考え方は異なります。まず「見方」があって、次に「考え方」というような順序性はありません。

第6学年「燃焼の仕組み」の導入を例に挙げてみましょう。蓋をした集気瓶の中のろうそくが消え、その原因を考える際に、Aさんは「煙が増えて火が消えた【「質的」な見方】」、Bさんは「悪い空気が増えた【「質的」な見方】」、Cさんは「空気がなくなった【「実体的」な見方】」と発言しました。それぞれ【　】のような見方を働かせていることが考えられます。それと同時に、瓶の中に入っていないろうそくの炎の様子を観察した経験と比べているため、「比較」の考え方とも言えます。

次に実験方法を発想する場面では、集気瓶の上部の蓋部分のみ、下部の粘土の部分のみ、蓋と粘土の両方に空気穴をあけるという三つの条件のうち、最もろうそくが燃え続けるのはどれかを比べ【「比較」の考え方】、集気瓶の中のろうそくが燃え続けるための方法（消える原因）を探ります。空気の出入りを考えるのであれば、同時に「質的」な見方も働かせていると言えます。

集気瓶の蓋を取り、かつ下部の粘土の部分に空気穴をあけると、ろうそくが燃え続けるという結果から、「集気瓶のろうそくが燃え続けるには、空気の出入り口と新たな空気が必要である」と、ろうそくの燃焼と空気との関係について説明することができます【「関係付け」の考え方】。

このように、**見方・考え方を働かせるときには順序性はなく、子供たちは内容や場面によって見方・考え方を選択しながら働かせている**のです。

各単元で働かせる見方・考え方は限定した方がいいの？

各単元で主に働かせる見方・考え方を想定しておくことは大切ですが、子供の自由な発想を否定するようなことは避けましょう。

　ある場面を例に考えてみましょう。第４学年の空気の温度変化による体積変化を調べる場面です。これは粒子を柱とする領域なので、主に質的・実体的な見方を働かせる場面と言えます。しかし、その見方に限定してしまうと、例えば、子供が量的・関係的な見方を働かせて「フラスコをつけるお湯の温度が違うと石鹸膜の膨らむ大きさが違っているようだ」と発言したときに、そのよさを取り上げることができなくなってしまいます。

　教師は、授業で子供が働かせる見方・考え方を想定しておくとともに、子供の発想を広く受け止めるための準備をする必要があります。子供に対して、「その見方はここで働かせるものではありません」などと決して言ってはなりません。

毎時間、見方・考え方を働かせるような指導が必要なの？

西にある雲が
どのくらいの時間で
こっちにくるか
知りたいな
見逃さずに
ほめてね！
いい
見方だ！
時間的・空間的
な見方を働かせて
いるな…

「指導」というよりも、適切な環境づくりが大切です。毎時間、見方・考え方に対する意識を教師が高くもっている必要があるでしょう。

見方・考え方は、子供自身が働かせるものです。指導するというよりも、それを促す環境づくりや助言が必要でしょう。有効なのは、**子供が見方・考え方を働かせたときに、教師が見逃さずに称賛すること**。それによって子供自身に自覚化を促すことができます。

あくまでも育成するのは資質・能力なので、**見方・考え方を働かせると理解や思考が深まることを子供に実感させること**が肝要です。自ら見方・考え方を働かせることができるようにするためには、教師の高い意識が大切でしょう。

見方・考え方は、知識に入るの？

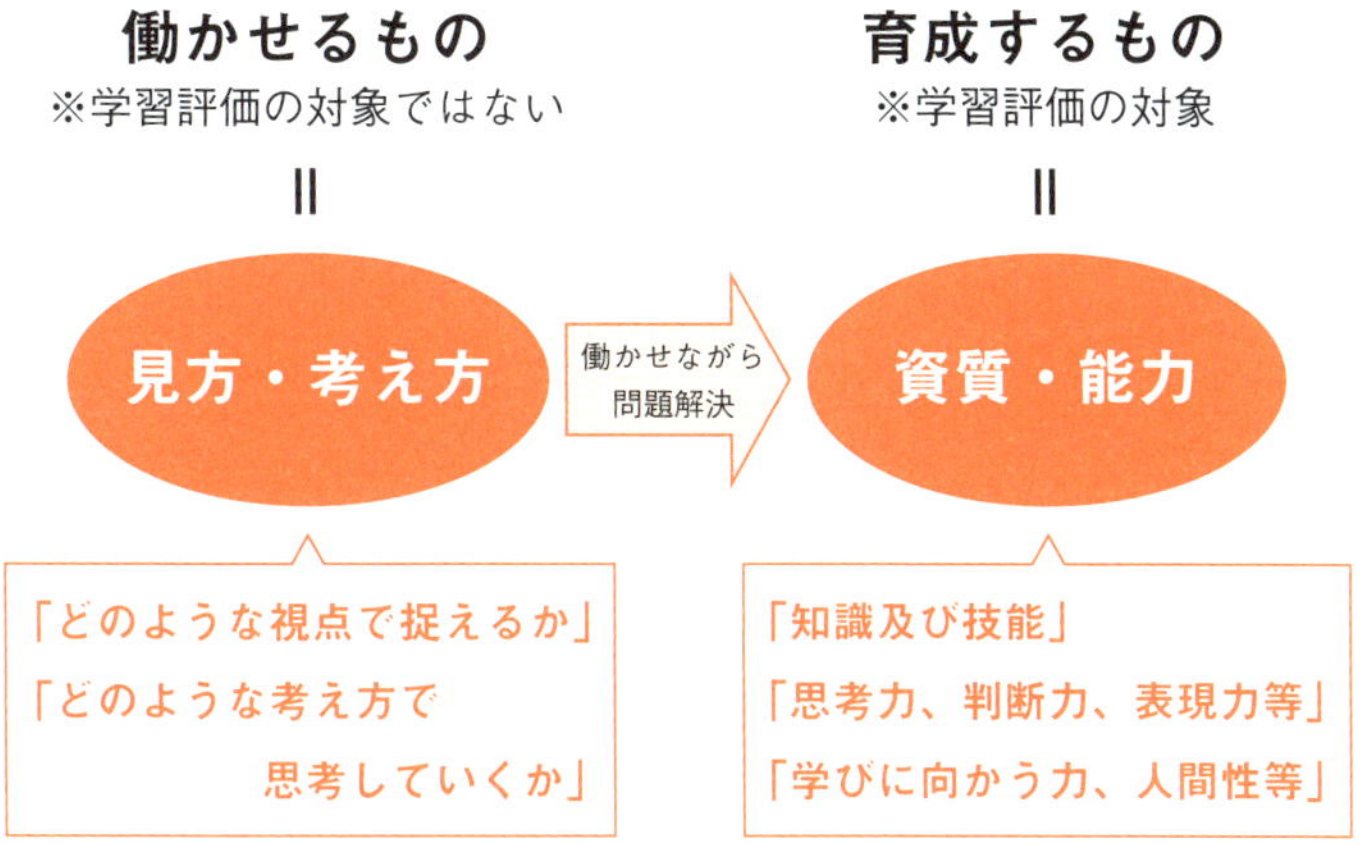
働かせるもの
※学習評価の対象ではない
‖
見方・考え方
働かせながら
問題解決
育成するもの
※学習評価の対象
‖
資質・能力
「どのような視点で捉えるか」
「どのような考え方で
思考していくか」
「知識及び技能」
「思考力、判断力、表現力等」
「学びに向かう力、人間性等」

見方・考え方は
評価しないよ

「見方・考え方」を働かせた学びを通じて、「資質・能力」が育まれる

いいえ。知識は、資質・能力に含まれるものであり、見方・考え方は、その資質・能力を育成するために働かせるものとして整理されました。

知識は、資質・能力の三つの柱のうちの一つ「知識及び技能」に含まれます。学習評価の観点にもなるものです。

一方の見方・考え方については、**資質・能力の育成のために働かせるものであり、学習評価の対象ではありません**。あくまで学習の結果として習得した知識を評価するようにしましょう。

しかし、見方・考え方と資質・能力は相互補完の関係であるため（p. 20〜21参照）、見方・考え方を働かせている姿を見取り、称賛していくことは大切です。

見方・考え方を働かせると、習得できる知識及び技能はどう変わるの？

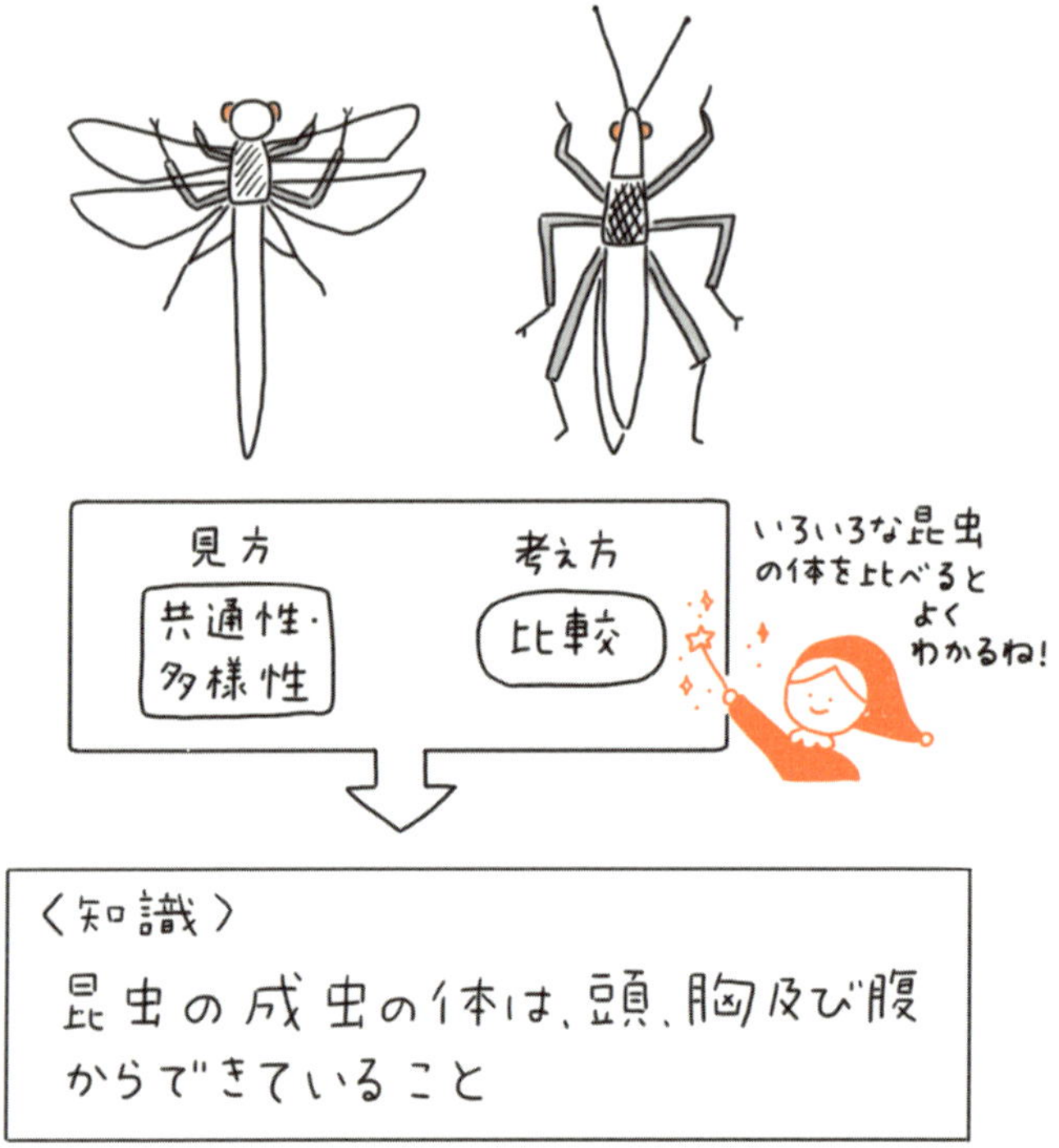

問題解決の過程で見方・考え方を働かせると、習得できる知識及び技能は様々な場面で活用できるものとなります。

見方・考え方を働かせて、資質・能力を育成するといったとき、いわゆる「問題解決の力」に注目しがちではないでしょうか。しかし、それに限らず、資質・能力の全てを育成するために、見方・考え方を働かせる必要があります。ここでは、資質・能力のうち、知識及び技能に着目してみましょう。

この質問の本質は、「知識及び技能」をどのように捉えるかにあります。知識とは、**固定化されたものではなく、動的で常に更新される可能性をもち、様々な場面で活用される汎用性の高いもの**を指します。技能においてもそうです。答申

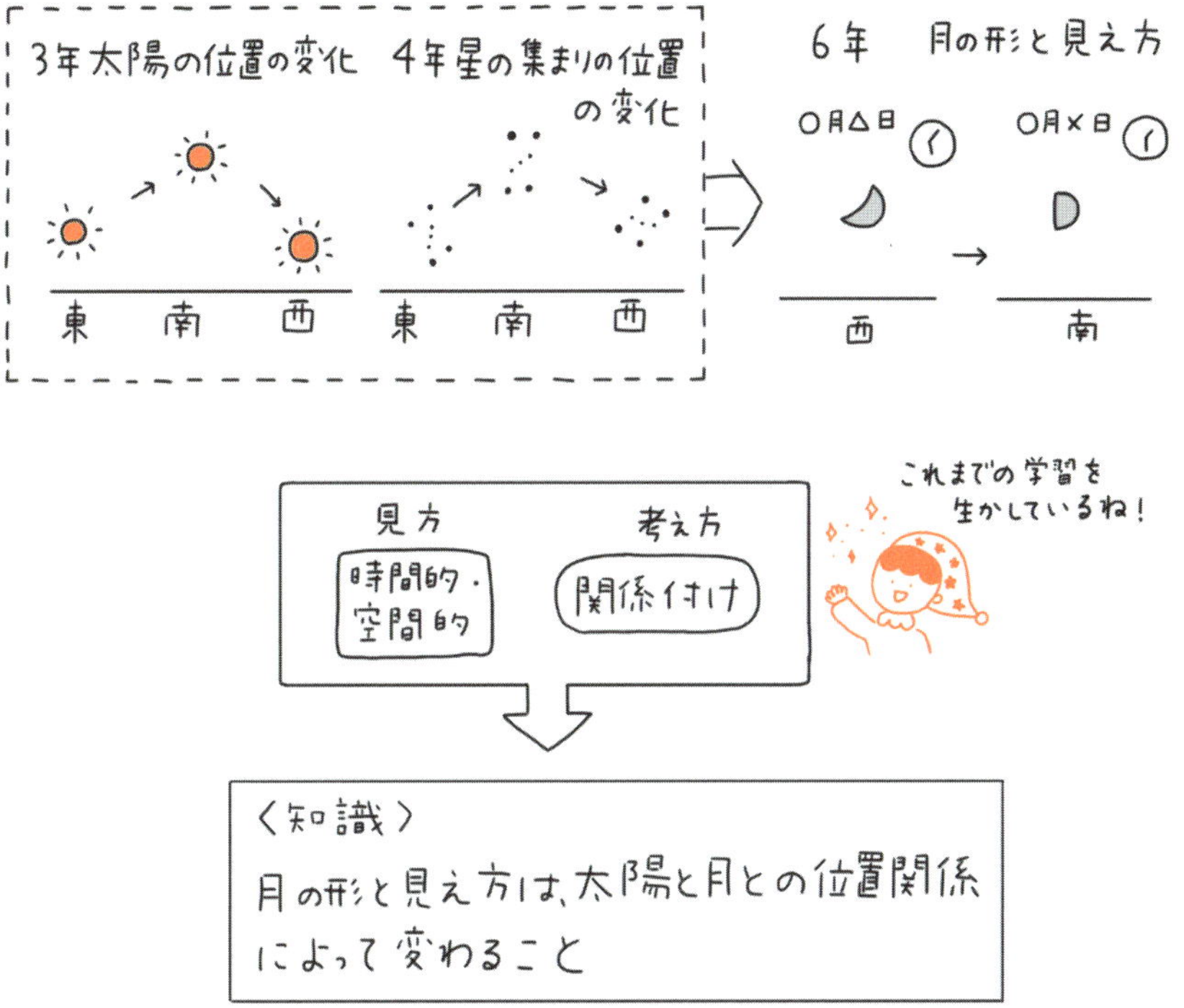

では、「何を理解しているか、何ができるか（生きて働く「知識・技能」の習得）」と明確化されています。

このように知識及び技能を捉えるとき、その習得には、**問題解決の過程が欠かせません**。この過程を大事にしない授業では、知識及び技能はその場面での限定的な再生に留まり、汎用性の高いものにはならないのです。

例えば、第4学年「月と星」の学習では、それぞれの星の位置が時間によって大きく変化するが、明るさや並び方は変わらないということを時間的・空間的な見方を働かせ、問題解決を通して捉えていきます。実感的に捉えたからこそ、その学習は第6学年「月と太陽」で生かすことができるのではないでしょうか。中学校第3学年で観察者の視点を自転する地球の外に移動させたとしても、問題解決の中で、時間的・空間的な見方を働かせて習得した知識及び技能そのものは残るのです。

見方・考え方が「鍛えられる」「豊かで確かなものとなる」ってどういう意味？

資質・能力をさらに伸ばしたり、新たな資質・能力を育んだりするためには、見方・考え方を大いに働かせる必要があります。その過程で、これまで働かせることがなかった見方・考え方や、曖昧だった見方・考え方を自在に働かせることができるようになり、見方・考え方が鍛えられ、より豊かで確かなものになっていくのです。

答申では、見方・考え方について、「…資質・能力の三つの柱が活用・発揮され、その過程で鍛えられていくのが『見方・考え方』…(p．34)」、「…学習を通じて、『理科の見方・考え方』が豊かで確かなものとなっていく…(p．146)」と表現されています。

これまでもみてきたように、見方・考え方は一つの場面に一つとは限りません。経験が豊かになればなるほど、様々な「見方・考え方」を働かせることができるようになるでしょう。このように、**学習の中で様々な見方・考え方を自在に働かせるようになっていくこと**が、「鍛えられる」ということであり、「豊かで確かなものとなる」ということです。

「見方・考え方」と「資質・能力」は相互に補完し、高め合う関係にあります。「『見方・考え方』を働かせた学びを通じて『資質・能力』が育まれるが、その際『見方・考え方』が鍛えられる」し、「育まれた『資質・能力』によって、より豊かで確かな『見方・考え方』になる」と言えます（p．20～21参照）。

例えば、第6学年「燃焼の仕組み」を例に挙げてみましょう。集気瓶の中で火をつけたろうそくを入れ、蓋をしてしばらくしたら消えます。このとき、子供は「空気が悪くなった【「質的」な見方】」「空気の性質が変わった【「質的」な見方】」「空気がなくなった【「実体的」な見方】」など、様々な見方を示します。

しかし、次に気体の性質や空気の組成の学習を経ると、「酸素や二酸化炭素の割合」について考えるようになり、気体の質の違いを定量的に調べるようになります。

また、例えば第3学年「太陽と地面の様子」では、朝と昼の2回影踏み遊びをしてみると、子供たちは影の踏み方に違いがあることに気付きます。そして、「時間が経つと影ができる向きは変わるのか【「時間的」な見方】」という疑問をもちます。その後、改めて時間の経過と影を調べると、影の向きが変化し、動いていることが分かり、「影の動きが変化するのは太陽の動きと関係があるのか」という問題につながります。そして、太陽の動きを観察するに当たり、再び時間の変化【「時間的」な見方】を意識することになります。つまり、当初は時間に関係があるのではないかと気付く程度だったものが、次第に「時間」という見方を当たり前に使いこなしながら考えられるようになっていくのです。

このように、**子供の学びは一度で完結するものではなく、繰り返し見方・考え方を働かせることで、資質・能力を育成することができる**のです。

なお、新しい学習指導要領では、各教科等において見方・考え方が整理されました。子供は「理科の見方・考え方」だけではなく、それぞれの教科等の特質に応じた見方・考え方を働かせることができるようになります。子供の見方・考え方はどんどん豊かになっていくのです。

「比較」の考え方は、問題を見いだすためだけに働かせるの？

いいえ。「比較」は、問題を見いだす場面で有効に働きますが、問題解決のどの場面にも必要な考え方です。

第3学年で主に働かせたい考え方は、「比較」。そして、重視したい問題解決の力は、「問題を見いだす力」です。

身の回りの自然を観察する中で、いくつかの植物を比較すると、葉の形、茎の長さなど差異点や共通点に目が向きます。すると、「他の植物は？」「他にどんな形がある？」などと疑問が湧いてきて、そこから問題が見いだされることがあります。また、例えば二つの空き缶を比べたときに、磁石に引き付くものとそうでないものがあることに気付き、「どんな物が磁石に引き付けられるのだろうか？」という問題が見いだされることも

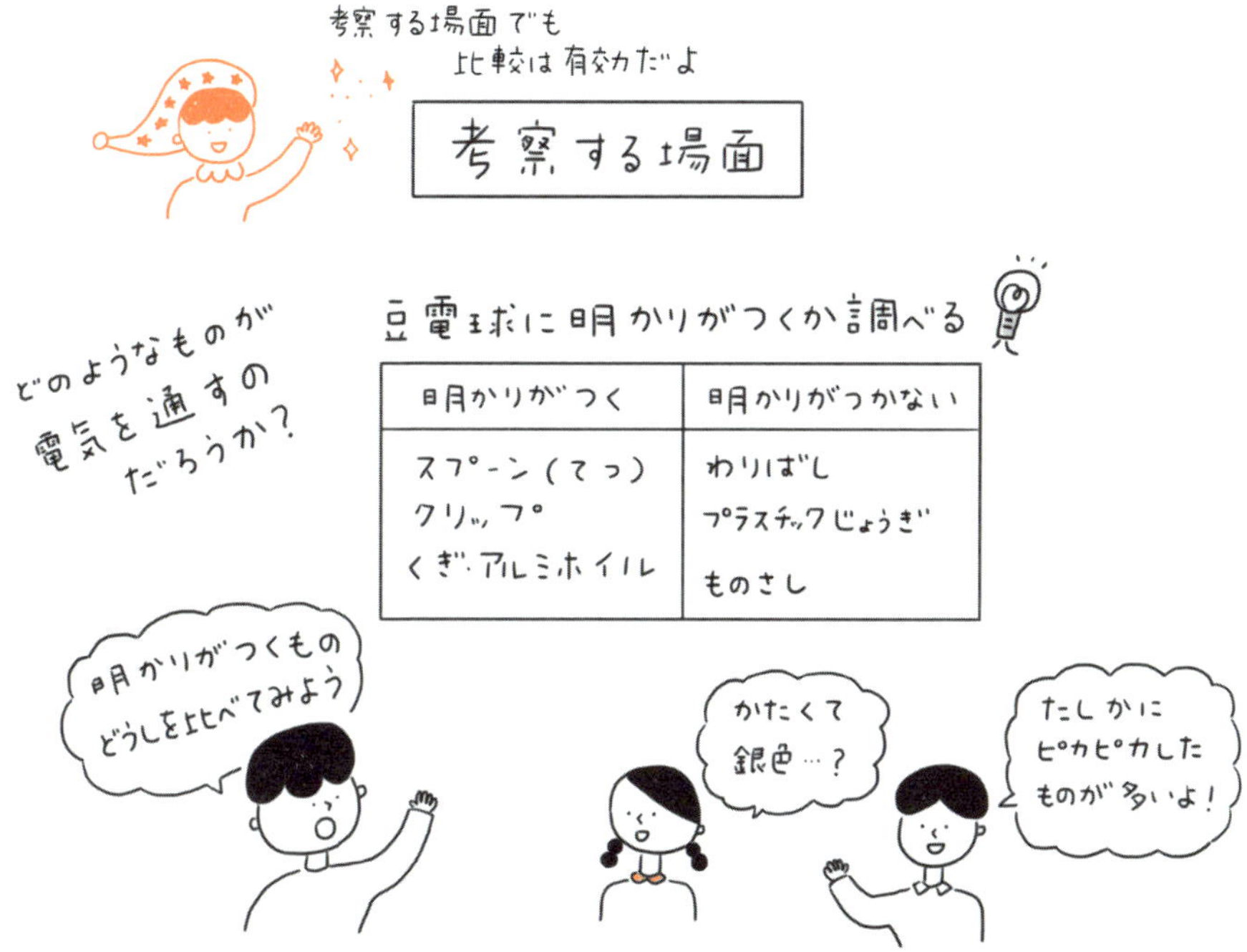

あります。まさに、**「比較」は、問題を見いだす場面で有効に働く考え方である**ことが分かるでしょう。

では、問題を見いだす場面だけで働かせればよいのでしょうか。

「比較」は、問題解決のどの場面にも必要になる考え方です。また、見方・考え方を働かせて育成する資質・能力の中には、当然「知識及び技能」や「学びに向かう力、人間性等」も含まれます。

「比較」の考え方を働かせて、「知識及び技能」や「学びに向かう力、人間性等」を育成するためには、実験中や考察の場面でも「比較」の考え方を大いに働かせなくてはならないでしょう。

磁石に付くもの、付かないものを比較していくうちに、電気を通すもの、通さないものとの違いに気が付いたり、鉄とそれ以外の金属について理解を深めたりすることもあるでしょう。「比較」を問題解決の様々な場面で働かせることは、資質・能力の育成につながるのです。

「条件制御」を働かせるのは、5年生になってから？

第3・4学年でも「条件制御」の考え方は必要です。その経験を基に、第5学年でさらにレベルアップした「条件制御」を働かせることができます。

第5学年で主に働かせたい考え方は「条件制御」です。では、4年生や3年生は、この考え方を働かせなくてもいいということなのでしょうか。「主に」とあるように、他の学年でも働かせることはあります。

特に、実験を行う際には、自然と何かを揃えて比べようとします。ここでも「条件制御」の考え方を働かせているのです。

例えば、第3学年「物と重さ」の授業で、砂糖と塩の重さを比較しようとするとき、子供が砂糖と塩を同じ容器に入れるなどの方法を発想することがあります。**体積を同じにしないと重さを比較できないという考え方を、子供が自然に働かせている**とも言えます。

例えば、「風とゴムの力の働き」でヨットカーを走らせるときにも、風の強さによる車の進み方の違いを調べ

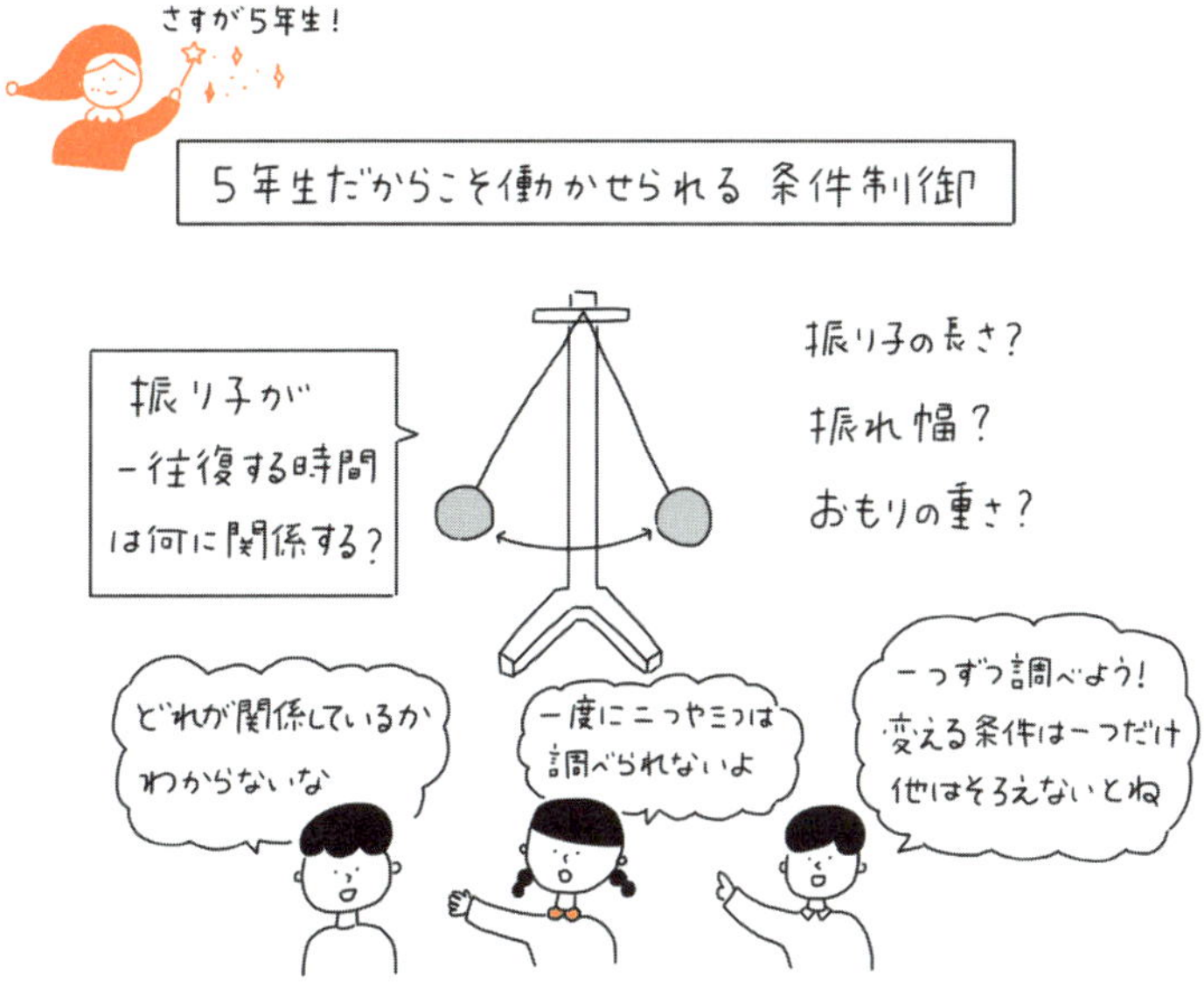

るのに、帆や車の大きさ、スタートラインを揃えます。

このように、第3・4学年でも条件に目を向けているのです。

しかし、第5学年の学習では、予想や仮説を基に、調べたいことを明確にします。**調べたいことをより際立たせるために、他の条件を揃えなければなりません。**

第3・4学年で働かせてきた「条件制御」をさらにレベルアップさせ、制御すべき条件を巧みにコントロールしていくのです。

第5学年「振り子の運動」を例に考えてみましょう。振り子が一往復する時間は、振れ幅に影響すると予想した場合、振れ幅以外のおもりの重さ、振り子の長さは変えないようにします。変えるものを一つに絞り、その他の条件はできる限り同じにするのです。この考え方は、5年生になるまでに行ってきた観察、実験が基になっています。第5学年では、その経験を基に、自律的に条件を制御し、解決の方法を発想していくことが望まれるのです。

見方の「量的・関係的」と考え方の「関係付け」はどう違うの？

エネルギー領域の主な見方である「量的・関係的」、第４学年の主な考え方である「関係付け」。どちらにも「関係」という言葉が用いられていますが、その使い方に違いがあります。

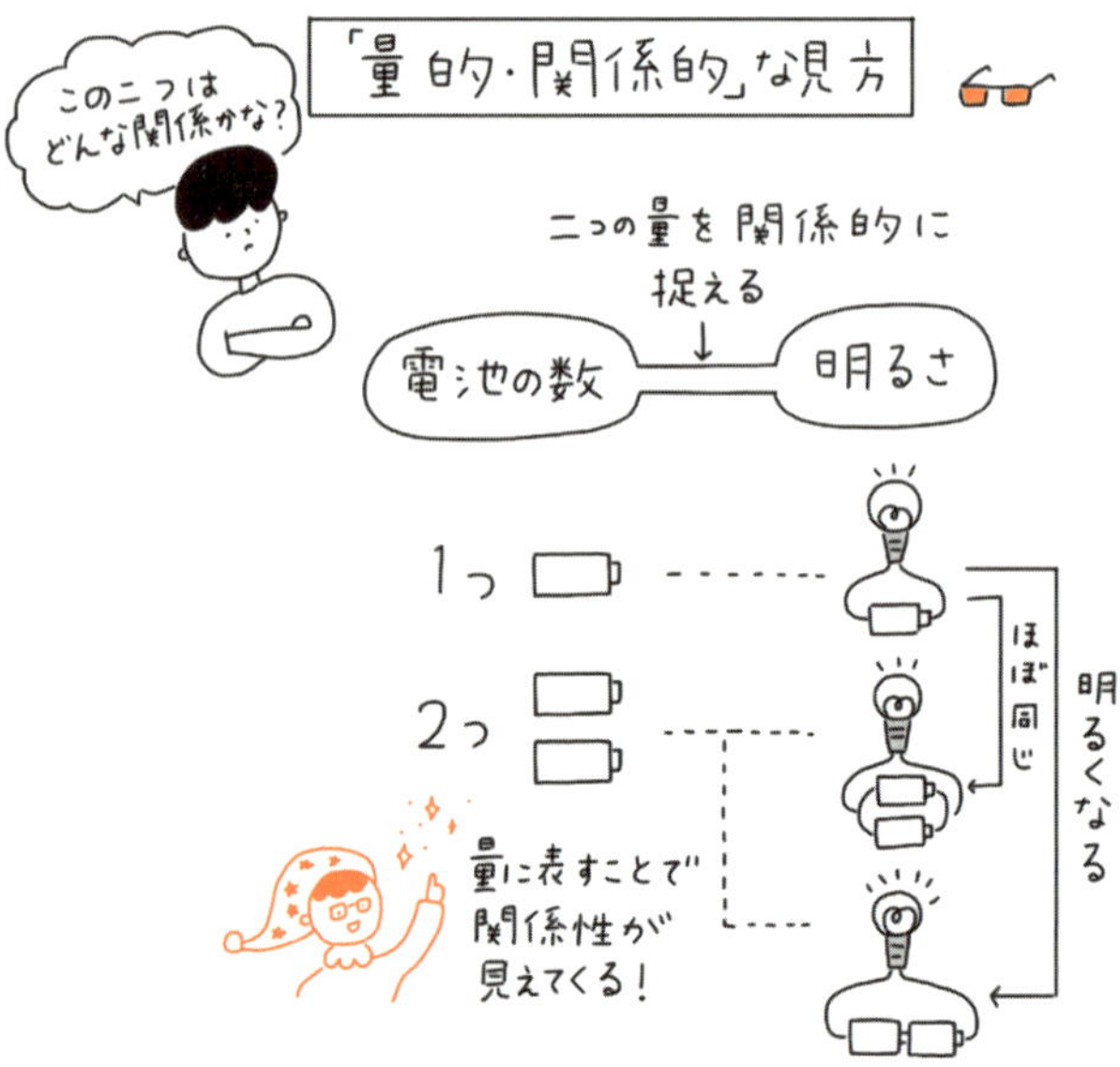

「量的・関係的」はエネルギー領域を捉える主な視点です。二つの量を、その関係性で捉えるときに用いられます。もちろん、まずは「原因と結果」という見方を働かせて、これらには関係があるのではないかという推測が先に立ちます。「風の強さとヨットカーの進む距離」「実用てこを押す位置（支点からの距離）と手応え」などです。その関係を明らかにするため、長さや重さなどの量に表すことによって、二つの量を関係的に捉えようとするのです。**二つの量が伴って変化するのか、比例の関係にあるのか、あるいは関係がないのか、そのような枠組みで整理してみるというのが「量的・関係的」な視点**です。

それに対して**「関係付け」は、自然の事物・現象をそ**

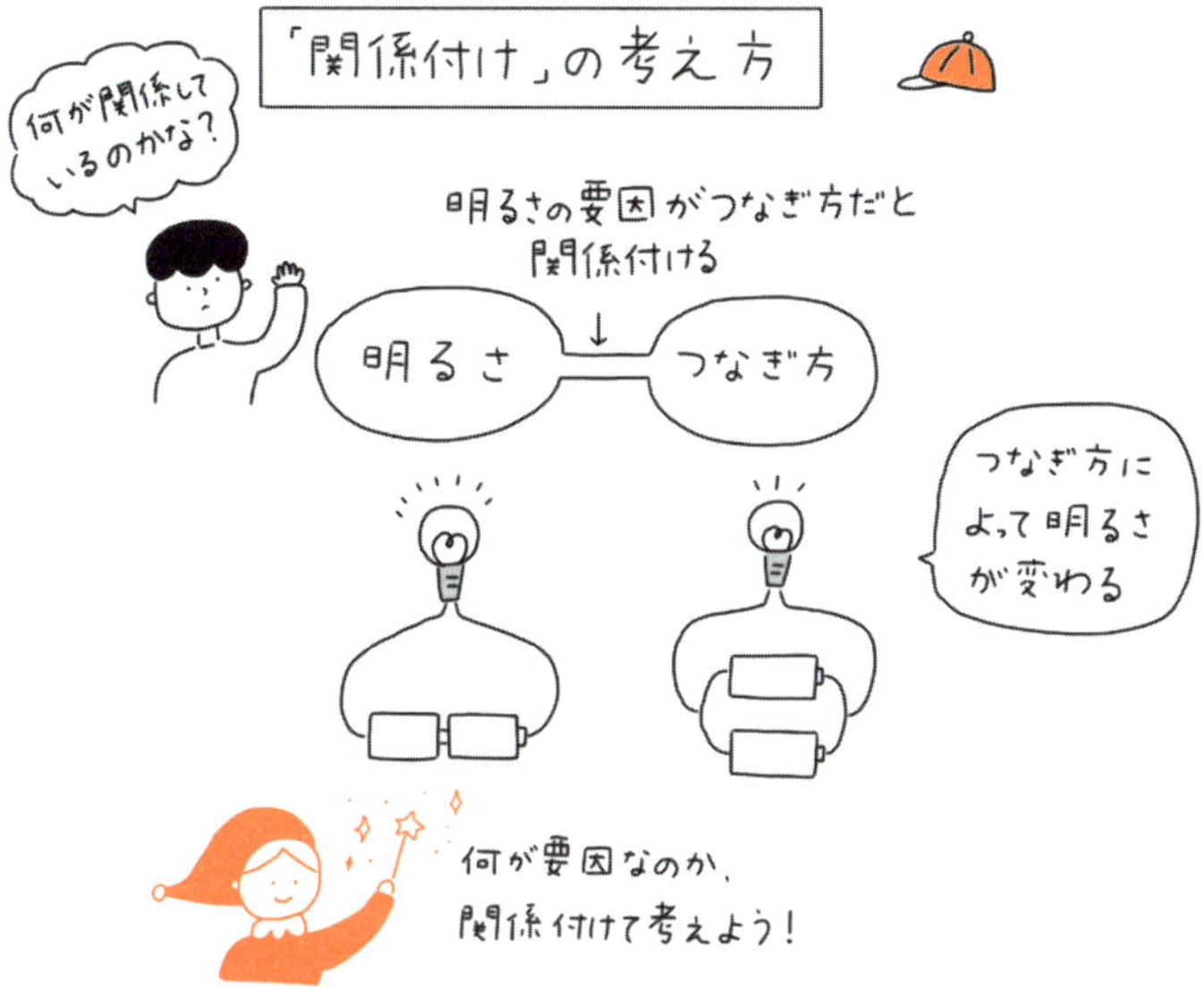

れに関わる要因と結び付けたり、既習の内容や生活経験と結び付けたりすることです。例えば「昼間に気温が上がらないのは、雲によって太陽の光が遮られているからだろう」というように、一日の気温変化と雲の有無とを結び付けたり、日かげは太陽の光が遮られているから日なたに比べて涼しいことと同じだと考えたりすることなどが、これにあたります。

第４学年「電流の働き」を例に考えてみましょう。働かせる主な見方は「量的・関係的」、主な考え方は「関係付け」です。

電池が一つと二つを比較すると、電池の数が増えることで明るくなるつなぎ方と明るさが変わらないつなぎ方がありました。電池の数が明るさに関係するかどうかを捉えようとするときに働くのが「量的・関係的」な見方です。

電池二つで様々なつなぎ方の回路をつくってみたら、豆電球の明るさがそれぞれ違っているのに気付きました。この明るさの違いの要因は、つなぎ方の違いにあるのではないかと考えることが「関係付け」の考え方です。

見方・考え方は評価するの？

見方・考え方は、成績のための学習評価をしません。学習評価の対象となるのは、あくまで資質・能力です。しかし、子供の姿を見取るという意味での評価は行います。

見方・考え方は、資質・能力を育成する過程で子供が働かせる「物事を捉える視点や考え方」です。成績のための学習評価は、あくまで資質・能力の三つの柱に基づき、「知識及び技能」「思考力・判断力・表現力等」「主体的に学習に取り組む態度」について行います。見方・考え方は学習評価の対象ではありません。

例えば、第6学年「燃焼の仕組み」では、密閉した瓶の中のろうそくの火が消えた原因として、「空気の性質が変わったからではないか」という「質的な見方」を働かせ、最終的に「物体が燃えるときには、空気中の酸素が使われて二酸化炭素ができる」という知識（資質・能力の一つの柱）を習得します。この場合は、学習の結果として「知識を習得したかどうか」について学習評価を行います。すなわち、「空気の性質が変わったからではないか」という「質的な見方」が働いたかどうかで学習評価を行うのは十分ではないということです。

ただし、**資質・能力を育成する過程で子供が見方・考え方を働かせているかどうかという判断（見取り）を行う**必要があります。なぜなら、資質・能力を育成するためには、子供が見方・考え方を働かせながら問題解決していくことが重要だからです。

ここで、「評価」というものの捉え方について整理しておきましょう。すでに述べたように、通知表などの成績のために評価することを学習評価と言います。見方・考え方は、通知表などの成績として評価することは行いません。しかしながら、子供の理解状況や活動状況について、子供が「見方・考え方」を働かせているかどうかによって判断する必要があるため、子供の姿から「見取る」、つまり「判断する」という意味での「評価」は行います。

このように、「評価」というものの捉え方が人によって異なることがあるため、「学習評価」なのか、「見方・考え方を働かせているかどうかの見取り」なのか、整理して考える必要があります。

どうしてプログラミング教育を行うの？

新学習指導要領では、情報活用能力の育成をねらいとして、プログラミング教育を位置付けています。コンピュータを理解し、活用する力を身に付けることは、将来どのような職業に就くとしても極めて重要であると考えられているのです。

新学習指導要領の第1章総則第2の2の⑴では、学習の基盤となる資質・能力として、ア．言語能力、イ．情報活用能力、ウ．問題発見・解決能力の三つが示されています。

> ⑴各学校においては、児童の発達の段階を考慮し、言語能力、情報活用能力（情報モラルを含む。）、問題発見・解決能力等の学習の基盤となる資質・能力を育成していくことができるよう、各教科等の特質を生かし、教科等横断的な視点から教育課程の編成を図るものとする。

プログラミング教育は、この中のイに位置付けられ、各学校では教育課程全体を見渡して、プログラミングを実施する学年や教科等を決定する必要があるのです。

第1章総則第3の1の⑶には、各教科等の特質に応じて、次の学習活動を計画的に実施することと示されています。

> イ　児童がプログラミングを体験しながら、コンピュータに意図した処理を行わせるために必要な論理的思考力を身に付けるための学習活動

この学習活動については、算数、理科、総合的な学習の時間において例示されました。

もし、理科において実施する場合には、**学習上の必要性や学習内容との関連を考えて、プログラミング教育を位置付けること**が大切です。

例としては、第6学年「電気の利用」が挙げられています（p.38コラム、p.108～109参照）。

担任の先生が行うカリキュラム・マネジメントってどんなもの？

年間計画を立てる

教科＼月	4	5	6	7	9	10
国	← 物語	→	説明	漢字	←物語	→
社	国土	低い土地	高い土地	気候	食糧	米 水産
算	小数	平均	図形	単位量	少数	わり算
理	振り子	発芽 メダカ	天気	流れる水		電流
総合		林間学校に向けて				
道徳	あいさつ 生命	よりよい学校生活	友達	温かい心	正直 感謝	自由 規則

関係のあるところを線で結ぼう！

年間指導計画では、関連のある内容を把握して、順番を調整することが考えられます。また、授業や単元レベルであれば、子供の発言や気持ちを大切に、担任が構成や順序を考えましょう。

カリキュラム・マネジメントと聞くと、学校全体で行わなくてはならないものというイメージがあるかもしれませんが、担任だからこそできることがたくさんあります。

そもそも、カリキュラム・マネジメントは、学校ごとに地域や子供の実状に合わせて、改善・充実の好循環を生み出すことが目的です。したがって、より細やかに子供を捉えることができるのはむしろ学級であり、担任だと言えるでしょう。

では、学級で担任が行うカリキュラム・マネジメントとは、どのようなものなのでしょうか。まずは年間指導計画です。**その学年で一年間に行う学習内容を、横軸は時間（月単位）、縦軸は教科で並べます。そして、関連**

授業や単元の中で考える

のありそうなものを線で結んでいきます。多くの線が集まるものは、年度初めの方にもっていけないか検討することも重要です。このような作業を学年で行う場合は、学年である程度決めた後、学級独自で行う内容（総合等）を加味して考える必要があります。

また、年間指導計画はあくまでも計画ですので、**子供たちの状況を常に捉えながら、臆することなく入れ替えましょう。**

ただし、注意したいのは、生物を扱う単元です。温度調節をすればいつでも扱えると思われるメダカも、日照時間等の関係で卵を産みやすい時期があるので、その点には注意が必要です。

一つの授業をどのように構成するか、単元の中で内容をどの順序で行うかについては、担任の裁量次第です。子供の「楽しい」「もっと深めたい」という気持ちを大切に、軽重を考えるとよいでしょう。

例えば、朝の会や給食の時間で、**子供が不意に発した一言をきっかけに単元を始めるようなことは、担任だからこそできるカリキュラム・マネジメント**と言えるでしょう。

3年に「音」の内容が入ったけど、どんなことを学習したらいいの？

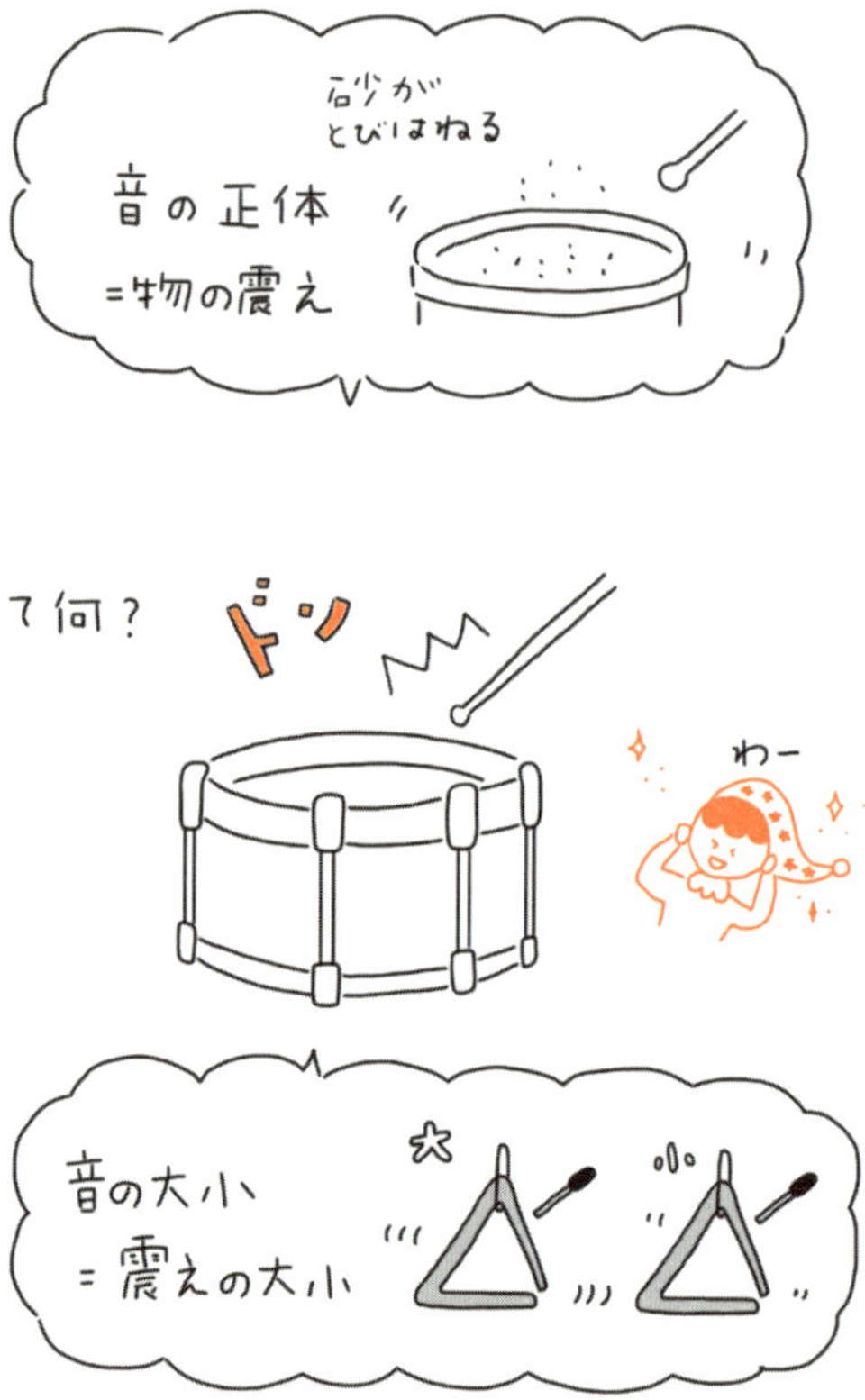

例えば糸電話を使い、物が震えることで音が伝わることを学習します。震え方の違いを比較する活動を通して、差異点や共通点を基に問題を見いだす場面を設定することも大切です。

第3学年「光と音の性質」では「物から音が出たり伝わったりするとき、物は震えていること。また、音の大きさが変わるとき物の震え方が変わること」と示されています。つまり、**音の正体が物の震えであること**、そして、**音の大きさの違いは震え方の違いであること**を学びます。

音楽室にある太鼓などの打楽器をたたいて震わせたり、つかんで震えを止めたりして、音が鳴っている間は楽器が震えていることを体感によって学習します。

また、音を大きく鳴らしたり、小さく

鳴らしたりすることで、震え方の大きさの違いを感じて、音の大きさの違いは震え方の違いであることを学習します。

さらに、音の伝わりについても学習します。これについては、糸電話や鉄棒などが教材として例示されています。**糸電話のように、物が震えることによって音が伝わるということを学習する**のです。

そのような音の伝わりの学習が、中学校第1学年の内容へとつながっていきます。音がわたしたちの耳に届くときに空気を伝わっていることや、音の高さが変わるときに音を発する物の振動の仕方が変わるといった内容です。

また、小学校での音の大小の学習も、中学校でのオシロスコープなどを使った振幅や振動数と音の関係につながります。

第3学年では、差異点や共通点を基に問題を見いだす力を重視します。それを踏まえると、**楽器の震え方を比較することによって、問題を見いだせるように、体験の場を準備する**ことも重要です。

Q&A 2-2

新設された4年「雨水の行方と地面の様子」では何を教えればいいの？

時間的・空間的な見方を働かせて、雨水が地面の高い方から低い方に流れること、土の粒の大きさの違いによって水のしみ込み方が違うことを捉えましょう。

「分水嶺」という言葉があります。辞書によると「山に降った雨水が川となって、二つ以上の方向に分かれて流れる境目の尾根」のことです。分水嶺に立つと、右側に降った雨は○○川に、左側に降った雨は△△川に流れ込むといったようなことが起きます。

つまり、川は水が流れている場所だけで考えるのではなく、そこに流れ込む雨水が降る地域、流域で考える必要があるのです。そのように考えると、土地の全てがどこかの川の流域に当てはまります。

雨水は地面にしみ込んだり、地面を流

れたりしながら、高い方から低い方に流れ、集まっていきます。そして、川から海へと水が運ばれていくのです。

校庭のいつも同じ場所に水たまりができることを、子供たちは気付いているでしょう。しかし、そこが校庭の低い場所であることや、水がしみ込みにくい土であることについてはどうでしょうか。校庭は平らだと思っている子供たちにとって、高低差があり、低いところに水が集まること、土の粒の大きさの違いによってしみ込み方が違うことは驚きとなるでしょう。

空間を大きく広げて捉えると、校庭だけでなく、町や市や県というスケールでも当てはまることに気付いていきます。また、そのように空間を広げることで、5年「流れる水の働きと土地の変化」にもつながっていくでしょう。

さらに、時間や空間を大きく広げて捉えると、6年「土地のつくりと変化」にもつながっていきます。

5年「物の溶け方」では、水の中に食塩が均一に溶けていることを表現するときに粒子モデルを使うの？

溶けている物が均一に広がっている様子をイメージするために、子供自身が粒子を使った表現をすることがありますが、教師が一方的に粒子モデルを使って表現させることのないようにしましょう。

第5学年「物の溶け方」に、水溶液の中では溶けている物が均一に広がることに関する文言が入りました。これは、中学校第1学年からの移行です。

しかし、この文言は内容の取扱いとして、「水溶液の中では、溶けている物が均一に広がることにも触れること」と示されているだけです。つまり、問題解決の過程を通して、知識や技能として身に付けるというよりも、話題として触れるという程度だと言えるでしょう。

しかしながら、食塩水の中で一番濃度が高い部分はビーカーの底の方と考えたり、水の中で混ぜて溶かした食塩も時間が経てば底に沈んでくると考えたりする子供も多くいます。食塩などの溶け残りが底に沈んでいたり、シュリーレン現象を目の当たりにしたりすると、水溶液は下の方が濃度が高いと考えてしまう子供がいても不思議ではありません。

子供のそのような考えを引き出した上で、色のついた砂糖を水の中に溶かして混ぜ、色が全体に広がる様子を演示すると、溶けた物が均一に広がることに触れるよい機会になるでしょう。

子供たちの表現の中から粒子的な表現や濃淡による表現などを取り上げて、学級全体に問い返してみるという方法も考えられます。上の方にも底の方にも食塩はあるということを実感し、考えを新たに構築していくための一つの手段として、溶けた食塩のイメージを表現したものを取り上げることは有効です。

6年「電気の利用」では、発熱を扱わなくてもいいの？

発熱そのものは扱いますが、これまでのように発熱が電熱線の太さによって変わるということは扱わなくてもよくなります。

第6学年「電気の利用」では「電気は、光、音、熱、運動などに変換することができること」と示されています。したがって、手回し発電機などを利用して発電したり、コンデンサーに蓄えたりした電気を、電熱線などを利用して熱に変えることができることは学習します。

　ただし、発熱が電熱線の太さによって変わるということは扱わなくてもよくなります。例えば、**太い電熱線と細い電熱線を使って、どちらが速く発砲ポリスチレンや蜜ろう粘土を切断できるかといった実験は行わなくてもよくなる**ということ

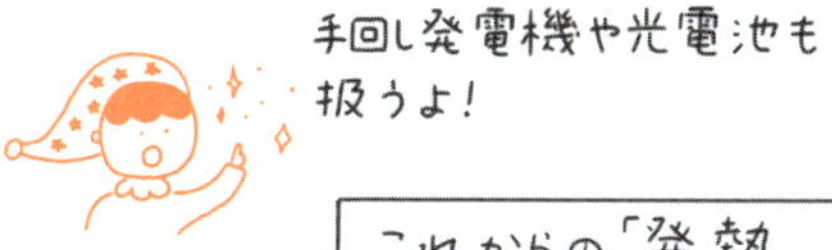

これからの「発熱」

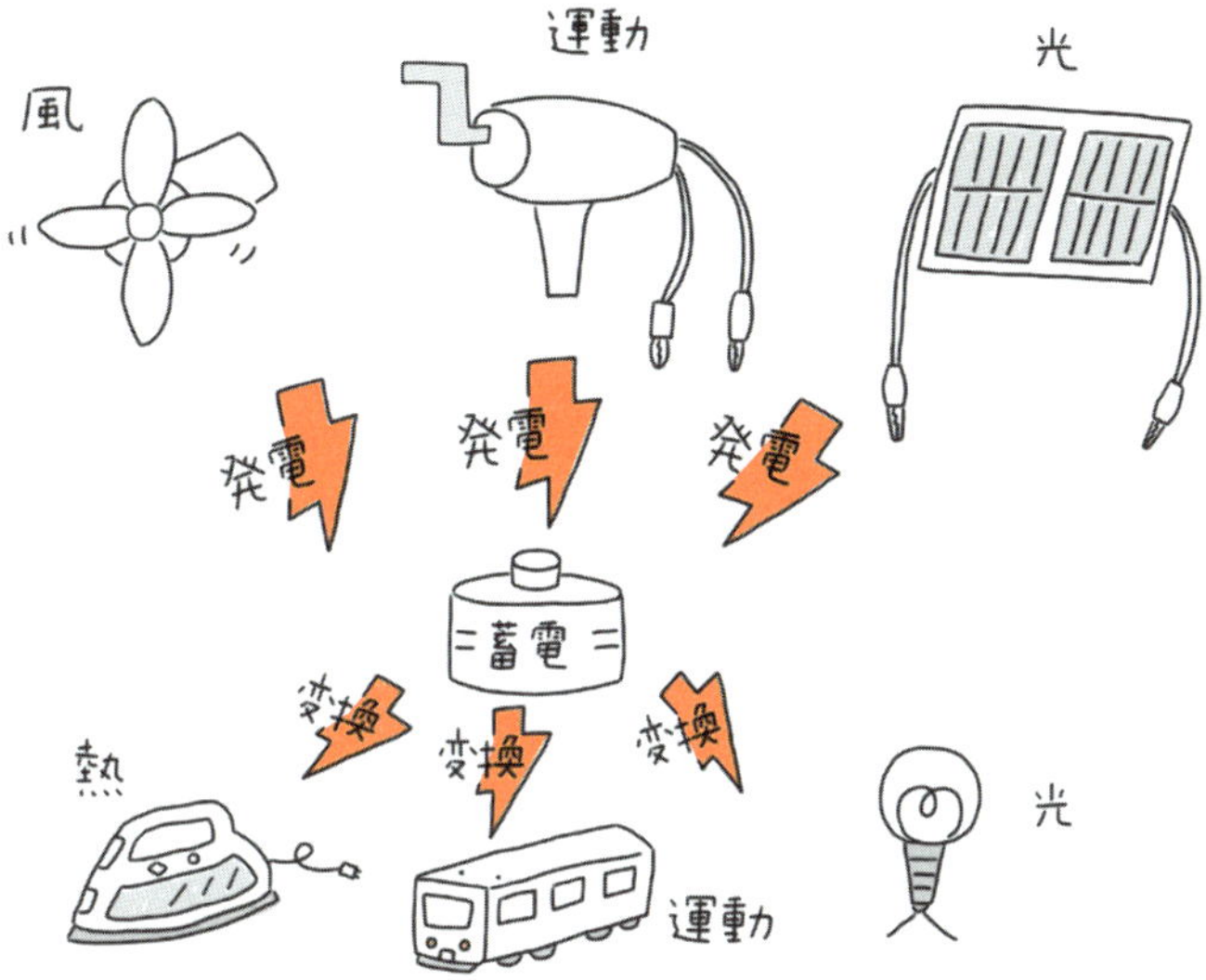

とです。エネルギー資源の有効利用という観点から、電気の使い方について考えるとき、発展的に電熱線の太さを扱うのは構いませんが、あくまでも発展的な扱いとなりますので留意が必要です。

また、「電気は、つくりだしたり蓄えたりすることができること」と示され、内容の取扱いの項目にも「電気をつくりだす道具として、手回し発電機、光電池などを扱うものとする」と記されました。

したがって、**これまでは第4学年で使用していた光電池を第6学年で使用する**こととなり、第4学年では扱わなくなります。

しかし、第6学年に移行しても、光電池の角度を変えたり、光の当たる面積を調整したりすると多くの電気をつくりだせることを、簡易検流計等を利用して体験的に学習するとよいでしょう。

また、この「電気の利用」の単元では、プログラミングを体験的に学習することも考えられます（p.108～109参照）。

プログラミングの授業はどう行えばいいの？

理科の授業で

プログラミング教育を行うなら…

①問題解決を意識しながら、論理的に解決する学習活動として充実させる。

②学習上の必要性や内容との関連性を考慮して、プログラミング教育を行う単元を位置付ける。

子供自身がプログラミングを行う意味を感じた上で、問題解決が中心となる活動を行うことが重要です。

新学習指導要領では「プログラミングを体験しながら論理的思考力を身に付けるための活動」が掲げられ、小学校段階においてプログラミングを体験し、その意義を理解することが求められています。

理科の授業で行う際には、以下の点に気を付ける必要があります。

①問題解決を意識しながら、論理的に解決する学習活動として充実させる。

②学習上の必要性や学習内容との関連性を考慮してプログラミング教育を行う単元を位置付けること。

つまり、理科でプログラミング教育を行うのであれば、**プログラミングを行う**

意味を子供に感じさせることが重要だということです。

この点について、第６学年「電気の利用」には、「日常生活との関連としては、エネルギー資源の有効利用という観点から、電気の効率的な利用について捉えるようにする」という表記に続き、以下のことが示されました。

・センサーなどを使って、エネルギーを効率よく利用している道具があることに気付くこと。

・目的に合わせてセンサーを使い、モーターの動きや発光ダイオードの点灯を制御するなどのプログラミングを行うことを通して、その仕組みを体験的に学習すること。

子供自身が「エネルギー資源の有効利用のために、電気をもっと効率的に使いたい」という目的をもち、それに合わせてプログラミングを取り入れた問題解決を行うという授業展開が考えられます。

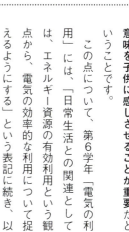

6年「人と環境」では、どんな学習をすればいいの？

自分が環境とよりよく関わっていくにはどうすればよいのか、日常生活に当てはめながら考察する学習が大切です。

平成20年版学習指導要領では、第6学年「生物と環境」の内容における主語は「生物」です。この中には人も含まれるものの、学習の中心は動物でした。

今回の改訂では、この単元に「人」という主語が加わり、**「自分」を中心におきながら、持続可能な社会の構築について学習する**内容が示されています。小学校の集大成として、これまでの学習を踏まえながら、日常生活に当てはめて考えをまとめることが大切です。

ここでの学びが、中学校の「生物と環境」「自然環境の保全と科学技術の利用」の学習につながっていきます。

「自然災害に触れる」って、どの程度触れるの？

自然災害との関連を図る必要はありますが、あくまで理科の学習内容の理解を優先することが大切です。

内容の取扱いにおいて、「自然災害に触れること」が示された内容は次の三つです。

第5学年「流れる水の働きと土地の変化」

第5学年「天気の変化」

第6学年「土地のつくりと変化」

理科の学習では、**自然の事物・現象の働きや規則性などを理解することが大切**であり、そのことが自然災害に適切に対応することにつながると考えられます。

防災教育との関連を図った単元展開を考えることは重要ですが、**理科の学習内容を理解することが疎かになっては本末転倒**と言えるでしょう。

「深い学び」は見方・考え方や資質・能力とどう関係しているの？

「深い学び」は目的ではなく、あくまで資質・能力を育成するための手段です。子供が見方・考え方を働かせながら、問題解決の過程を通して学ぶことで「深い学び」が実現し、資質・能力の獲得につながります。

これらの視点で
授業改善を
図ろう！

「深い学び」を実現するための
授業改善の視点

①子供が、どのような見方・考え方を働かせればよいのか自覚しながら、自然の事象・現象に関わっているか

②理科で育成したい資質・能力の獲得に向かっているか

③新たに獲得した資質・能力に基づいた見方・考え方を、次の学習や日常生活などにおける問題解決の場面で働かせているか

子供が理科の見方・考え方を自在に働かせるようになると、**どのような視点で捉え、どのような考え方で思考すればよいのかを自覚しながら、自然の事物・現象に関わる**ことができるようになります。その結果として、子供自らが問題を見いだしたり、予想や仮説をもったり、解決方法を考えたり、知識を関連付けてより深く理解したりするといった、資質・能力が育成されるのです。

さらに、獲得した資質・能力によって、**より豊かで確かなものになった見方・考え方を次の学習や日常生活などにおける問題解決の場面で活用することで、資質・能力を更に伸ばしていける学びが「深い学び」**と言えます。

子供自身が問題を見いだすためにはどうすればいいの？

子供自身が問題を見いだすようにするためには、導入でそのような状況をつくりだす必要があります。

小学校理科で言う「問題」とは、①教師が子供に向ける「質問」という意味での「問題」、②「子供自身がもつ疑問」という意味での「問題」、どちらの意味でしょうか？

答えは後者です。なぜならば、理科では、「子供自身が問題解決をする」ことが重視されるため、これから解決していく「問題」を自分自身で設定することが求められるからです。このような「問題」を、教師が与えるのではなく、子供自身が見いだすようにするためには、導入を工夫する必要があります。

教科書にはすでに問題が書かれているため、授業が始まったとたんに、「今日の問題はこれです！」と教師が宣言するような事例が見受けられます。これは教師主導の授業と言えるでしょう。本来は、教科書に書かれている問題を子供自身が見いだせるような状況を、導入でつくる必要があります。教師主導にならないよう、あからさまな誘導ではいけません。

例えば、第3学年「太陽と地面の様子」では、「時間によって影の向きが変わるのだろうか」という問題を見いだすことが求められます。この問題を子供自身が自発的にもてるようにする方法について考えてみましょう。

まず導入の場面で、朝と昼の2回、影踏み遊びをします。すると、朝と昼では影の踏み方が違っていることを実感し、「朝と昼では影の向きが違っているのではないか」ということに気付きます。このとき、教師は朝と昼に撮っておいた影の写真を見せます。すると子供は、「時間によって影の向きが変わるのだろうか」という問題を見いだしていきます。

このように、あらかじめもたせたい問題（教科書に書かれている問題）があったとしても、その問題を子供自身がもてるように導入を工夫したいものです。

考察はどのように書けばいいの？

考察には、事実（方法＋結果）と解釈（結果から判断できること）の両方の要素が含まれます。その点を踏まえた書き方をする必要があります。

考察の書き方には、以下のような問題点が見受けられます。

・実験の「結果」と「考察」の違いを理解していないために結果を考察として書いている
・問題に対する結論のみを書いている
・感想を書くことに重点を置いている

まず、「結果」と「考察」の違いについて確認しておきましょう。「結果」は実験から分かる「事実のみ」を書きます。一方「考察」は、事実（方法＋結果）と解釈（結果から判断できること）の両方の要素が含まれるように書きます。例えば、第5学年「振り子の運動」では、「30㎝と50㎝のふりこの1往復する時間を比べると（方法）、30㎝の方は○秒、50㎝の方は○秒だったので（結果）、ふりこの1往復する時間はふりこの長さに関係があることが分かった（結果から判断できること）」という書き方です。

ノートにまとめる際には、考察の欄の真上に結果の欄があるため、単に「ふりこの1往復する時間はふりこの長さに関係があることが分かった（結果から判断できること）」だけで終わらせる例もよく見られます。しかし、「考察」を読んだだけで、「どんな方法でどんな結果が出たから、このように解釈できる」ということが分かるように書くとよいでしょう。

なお、考察は、発達の段階や単元の性質から第４学年後半頃からが適切と考えますが、書き方の指導には学級の状況に応じて配慮が求められます。

なお、感想の欄を別に設けることで、考察と区別しやすくなるでしょう。

考察は…
①事実（実験方法＋実験結果）
②解釈（結果から判断できること）
の要素を文章に入れる。

○ 30cm と 50cm のふりこの 1 往復する時間を比べると、30cm の方は○秒、50cm の方は○秒だったので、ふりこの 1 往復する時間はふりこの長さに関係があることが分かった。

△ 30cm の方は○秒、50cm の方は○秒だった。

△ ふりこの 1 往復する時間はふりこの長さに関係があることが分かった。

これまでのものづくりと比べて、どこが変わるの？

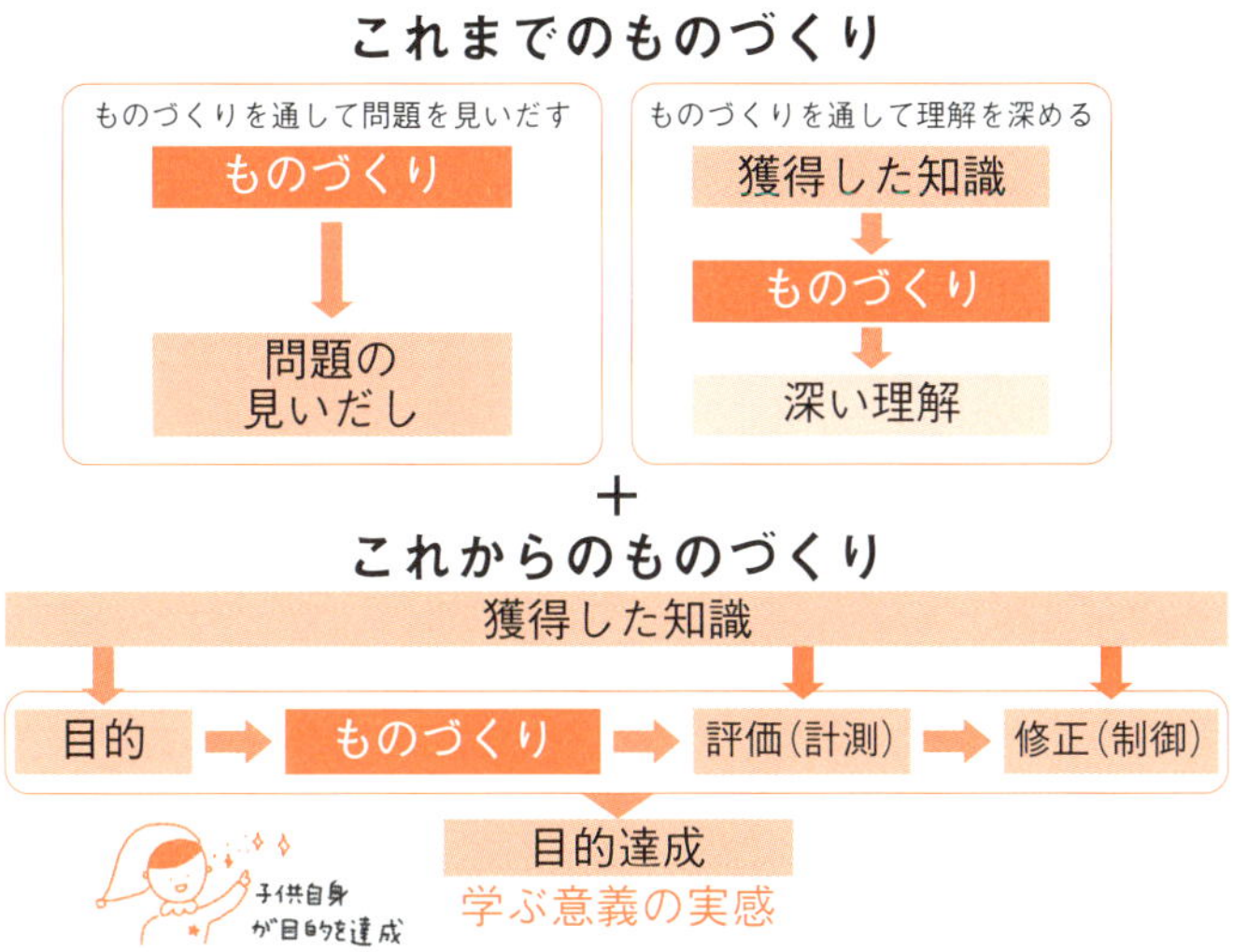

これまでのものづくりに加えて、これからのものづくりは、獲得した知識を基に、子供自身が明確な目的を設定し、その達成に向けて取り組むこともねらいとしています。

これまでのものづくりは、解決したい問題を見いだすことや、獲得した知識を活用して理解を深めることを主なねらいとしてきました。

例えば、学習のきっかけとしてものづくりを行ったり、学習の終末場面で教科書のものづくり例を実際に行ったりする実践がありました。

これからのものづくりでは、**学習を通じて獲得した知識を使って子供自身が明確な目的を設定し、それを達成することによって、学んだことの意義を実感できるようにする**こともねらいとしています。そして、**目的を達成できたかどうかを自ら評価し修正する**ことを通して、ものづくりの充実を図ることが求められています。

全国学力・学習状況調査は、今回の改訂にどう関係しているの？

新学習指導要領で示された資質・能力は、全国学力・学習状況調査の問題作成における視点と共通しています。

学習指導要領は、教育課程の在り方について、その基準を定めるものです。一方で、全国学力・学習状況調査は、子供の学力や学習の状況の課題を把握・分析し、改善・充実を図るものです。したがって、学習指導要領と全国学力・学習状況調査は、いわば「入口」と「出口」の関係にあると言えます。

新学習指導要領では、学習内容の深い理解や資質・能力の育成などにつながる「深い学び」の視点を示し、不断の授業改善を求めています。特に、理科においては、「次の学習や日常生活などにおける問題発見・解決の場面において、獲得した資質・能力に支えられた『見方・考え方』を働かせること」ができるような「深い学び」が求められています。ここで示されている「次の学習や日常生活などにおける問題発見・解決の場面」は、全国学力・学習状況調査の「主として活用に関する問題」の

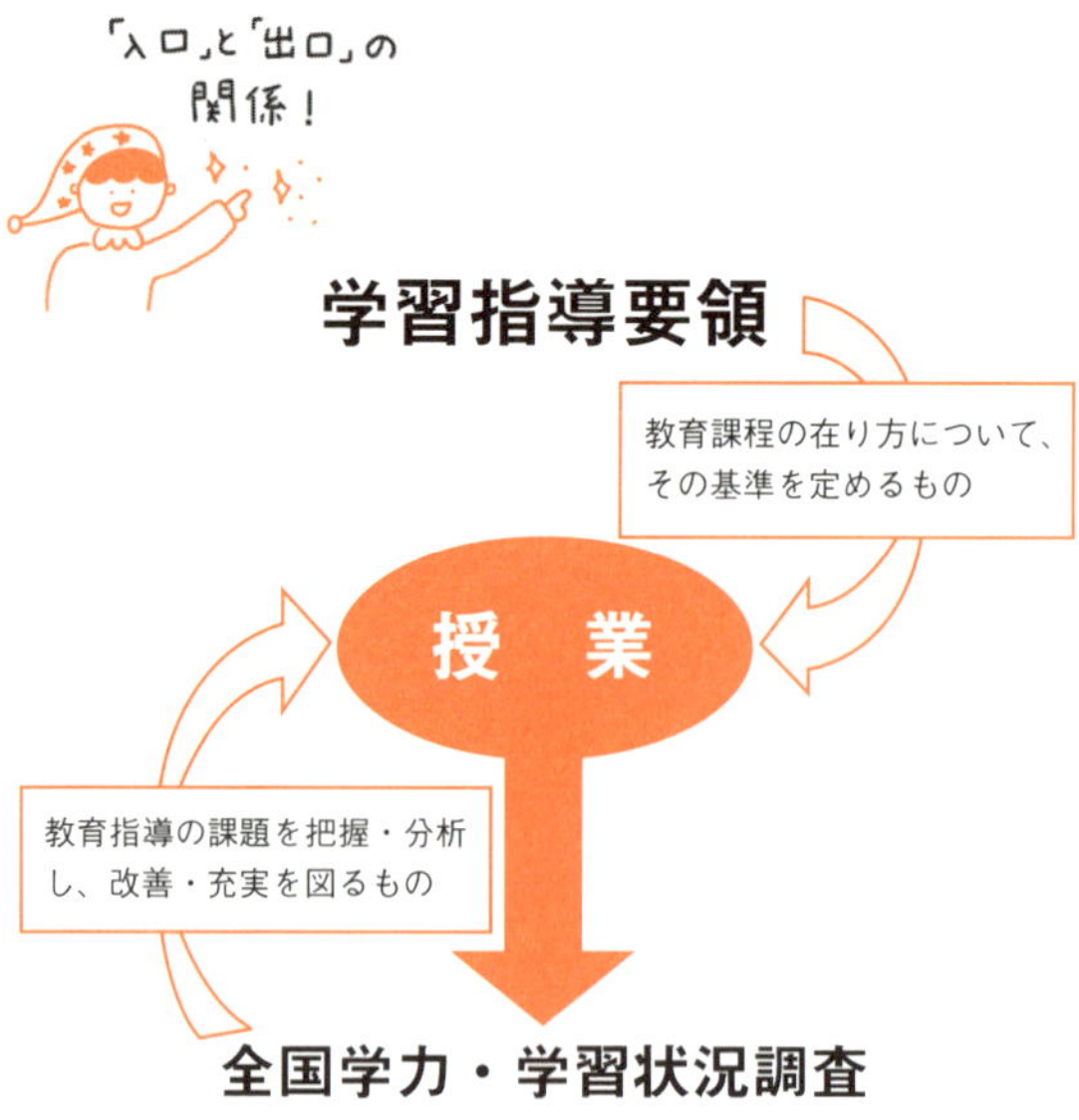
「入口」と「出口」の関係！
学習指導要領
教育課程の在り方について、その基準を定めるもの
授　業
教育指導の課題を把握・分析し、改善・充実を図るもの
全国学力・学習状況調査

問題解決の過程と活用の枠組みの関係

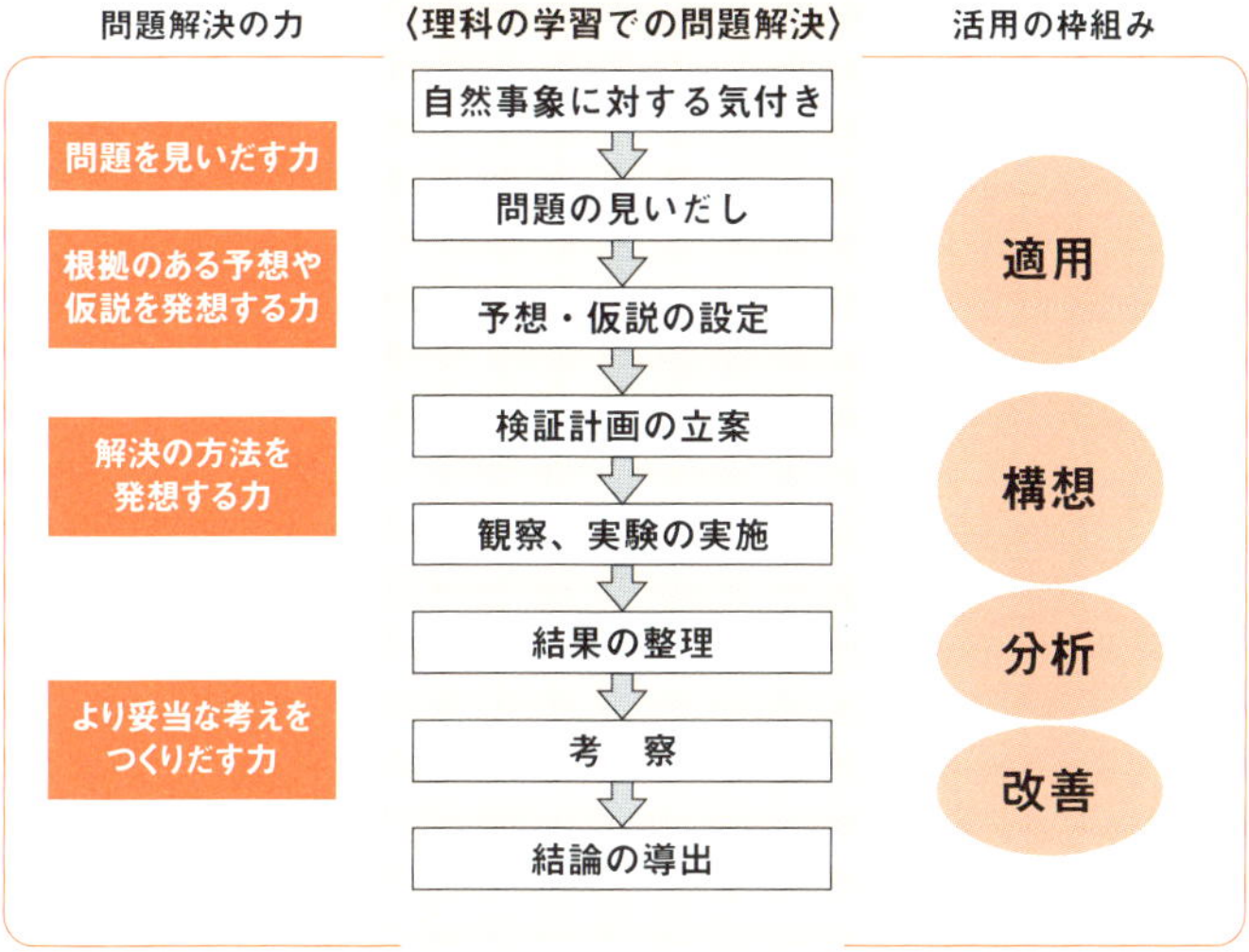

位置付けと一致していると言えます。

さらに、新学習指導要領で示す資質・能力は、全国学力・学習状況調査の問題作成の枠組みと同じ視点です。資質・能力の三つの柱「知識及び技能」「思考力、判断力、表現力等」「学びに向かう力、人間性等」のうち、とりわけ「思考力、判断力、表現力等」については、理科の目標で「問題解決の力」と記され、各学年の目標では主に育成を目指す力として具体的に示されています。

第3学年の「問題を見いだす力」、第4学年の「根拠のある予想や仮説を発想する力」には、**既習の内容や生活経験で得られた知識を「適用」する**ことが求められます。

また、第5学年の「解決の方法を発想する力」には、予想や仮説を基に、**質的変化や量的変化、時間的変化に着目して実験方法を「構想」する**ことが求められます。

さらに、第6学年の「より妥当な考えをつくりだす力」には、**実験結果を「分析」して考察したり、自分の考えと他者の考えの違いを捉え、多様な視点から自分の考えを「改善」したりする**ことが求められます。

このように、「問題解決の力」は全国学力・学習状況調査における活用の四つの枠組みと関連していると言えるのです。

「見通し」と「振り返り」は、なぜ重要なの？

「見通し」をもつことは、観察や実験などにおいて、自分がこれから行うべきことを明確にするため、主体的な活動につながります。また、「振り返り」を行うことは、「自分の状況を理解する」ことにつながり、活動を見直したり、理解を深めたりすることができます。

理科では、自分がこれから行うべきことを明確にし、自分の今の状況を正しく理解し、解決のために観察や実験を計画してやり遂げることが重要です。「今は何をすべきなのか」「どこまで進んでいるのか」「自分が今やっていることは間違っていないか」など、**自分自身の状況を常に把握することが大切**なのです。

例えば、問題に正対した観察や実験の方法を子供自身で考えず、教科書に載っている方法を安易に誘導する授業や、観察や実験の結果がどうなりそうかという根拠に基づいた予想をさせないまま、観察や実験に入るような授業では、見通しをもつことができません。

子供が十分に見通しをもたないと、実験は楽しくやっているが、何のためにやっているのか理解していないという状況に陥り、観察や実験の途中で目的を見失ってしまうでしょう。

そのため、**「今は何を調べているのか」「今は何をするのか」などと、常に問題が何かを確認させて、意識的に学ぼうとする環境を設定する**ことが大切です。

見通し
風の強さによって
車の動く距離が
どう変わるかを
調べるぞ"
よし!

一方、「振り返り」と聞くと、①授業の終末に、子供の印象に残ったことや次につながる気付きなどを書かせること、②授業の最初に、前時までの学習内容を想起させ、これから行う授業の方向性を確認すること、を意味する場合が多いようです。

それらに加え、**学習の途中で行う「今の自分の状況を確認するための振り返り」**という、3番目の振り返りがあります。図のように、問題解決の各場面で、**自分が行っていること、考えていることが正しいのかどうか、子供自身が常に考える**のです。

例えば、振り返りを授業の最後しか行わなかったり、実験がうまくいかないときに、その原因を探究しないままにしておいたりすると、どうなるでしょうか。観察や実験の途中で目的を見失ったり、自分の考えに問題があった際に修正できなかったり、知識が定着しなかったりすることが考えられます。

そのため、**間違いやすい点は学級で共有し、個人の修正時間を確保するなどして、子供が自身の理解不足に向き合う時間を十分にとる**ことが大切です。

このように、「見通し」「振り返り」のいずれも、自分自身で主体的に活動する際に必要な活動であると言えます。

どうすれば理科を学ぶことの意義や有用性を認識できるようになるの？

身の回りの自然や
生活と関連して
いるから大事なんだ!

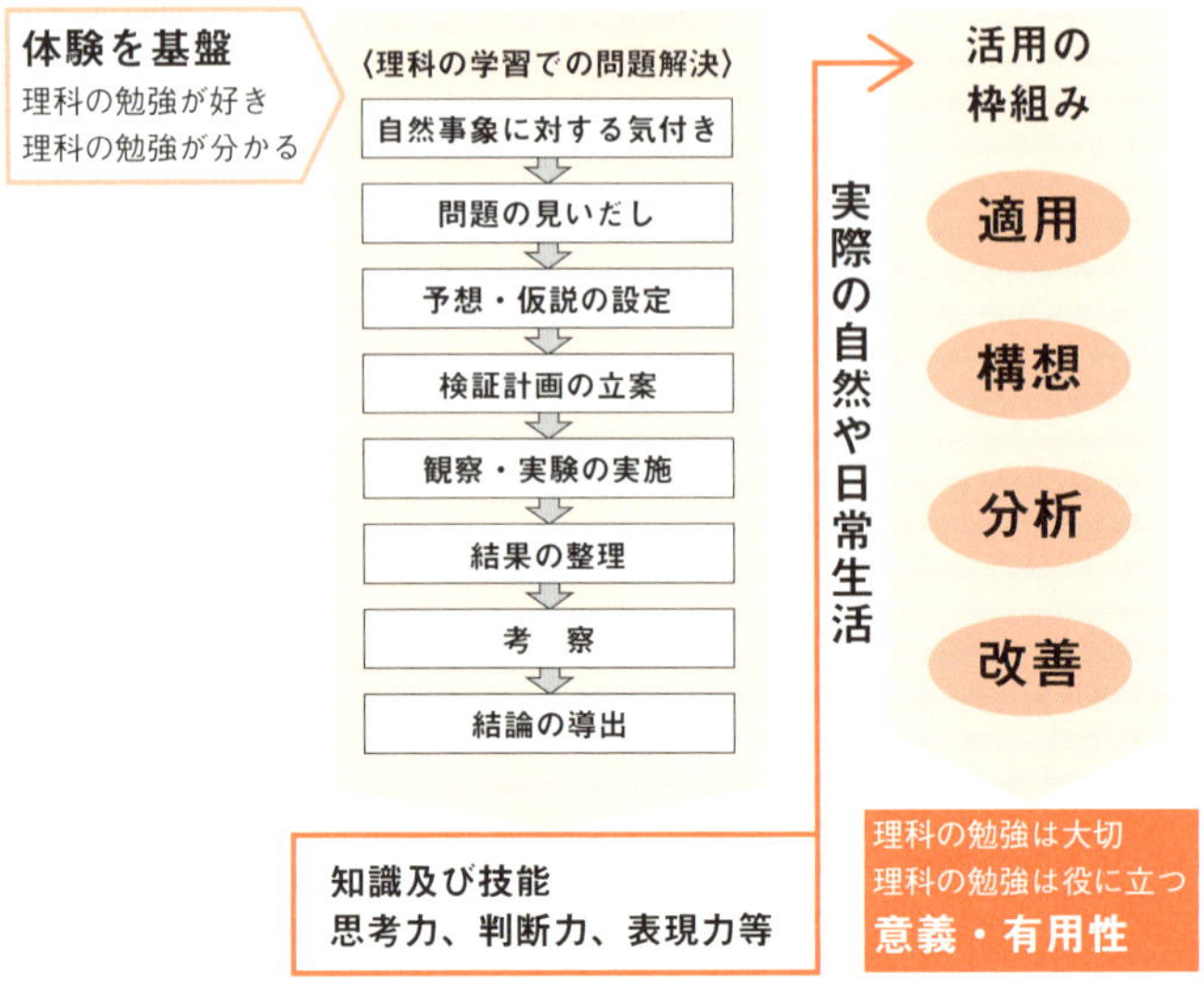
体験を基盤
理科の勉強が好き
理科の勉強が分かる
〈理科の学習での問題解決〉
自然事象に対する気付き
問題の見いだし
予想・仮説の設定
検証計画の立案
観察・実験の実施
結果の整理
考　察
結論の導出
知識及び技能
思考力、判断力、表現力等
実際の自然や日常生活
活用の
枠組み
適用
構想
分析
改善
理科の勉強は大切
理科の勉強は役に立つ
意義・有用性

理科で学習したことを日常生活などで活用する場面を、意図的・計画的に取り入れましょう。

ＴＩＭＳＳ2015の結果によると、「理科は楽しい」と回答した子供が約9割います。また、理科が得意だと思っている割合も増加している傾向が見られます。

これまでも重視してきた自然の事物・現象に働きかける体験を基盤とし、問題解決で獲得した「知識及び技能」「思考力、判断力、表現力等」を**日常生活などで活用する場面を、指導計画に意図的・計画的に組み入れる**ことが大切です。

例えば、第5学年「流れる水の働きと土地の変化」「天気の変化」、第6学年「土地のつくりと変化」において、**自然災害との関連を図りながら学習内容の理解を深める**ことによって、「理科の勉強は大切」「理科の勉強は役に立つ」といった理科を学ぶ意義や有用性を認識することも考えられます。

付録

小学校学習指導要領 第2章 第4節 理科

この付録はp.147から逆方向にめくってご覧ください。

基づいた学習活動が充実するようにすること。

(6) 博物館や科学学習センターなどと連携，協力を図りながら，それらを積極的に活用すること。

3 観察，実験など**の指導に当たっては，**事故防止に十分留意すること。**また，環境整備に十分配慮するとともに，使用薬品についても適切な措置をとるよう配慮**すること。

のうち，主なものを示したものであり，実際の指導に当たっては，他の学年で掲げている力の育成についても十分に配慮すること。

新設
障害のある児童への指導内容や指導方法の工夫について明記された。

(3) **障害のある児童などについては，学習活動を行う場合に生じる困難さに応じた指導内容や指導方法の工夫を計画的，組織的に行うこと。**

(4) 第１章総則の第１の２の(2)に示す道徳教育の目標に基づき，道徳科などとの関連を考慮しながら，第３章**特別の教科**道徳の第２に示す内容について，理科の特質に応じて適切な指導をすること。

2 第２の内容の取扱いについては，次の事項に配慮するものとする。

(1) **問題を見いだし，予想や仮説，観察，実験などの方法について考えたり説明したりする学習活動**，観察，実験の結果を整理し考察する学習活動，科学的な言葉や概念を使用して考えたり説明したりする学習活動な**どを重視することによって，言語活動**が充実するようにすること。

(2) 観察，実験などの指導に当たっては，指導内容に応じてコンピュータ**や情報通信ネットワーク**などを適切に活用できるようにすること。また，**第１章総則の第３の１の(3)のイに掲げるプログラミングを体験しながら論理的思考力を身に付けるための学習活動を行う場合には，児童の負担に配慮しつつ，例えば第２の各学年の内容の〔第６学年〕の「A 物質・エネルギー」の(4)における電気の性質や働きを利用した道具があることを捉える学習など，与えた条件に応じて動作していることを考察し，更に条件を変えることにより，動作が変化することについて考える場面で取り扱うものとする。**

新設
「プログラミング」に関する箇所が新設された。その具体例として，第６学年の「電気の性質や働きを利用した道具があることを捉える学習」が挙げられている。

(3) 生物，天気，川，土地などの指導に当たっては，野外に出掛け地域の自然に親しむ活動や体験的な活動を多く取り入れるとともに，**生命を尊重し**，自然環境の保全に寄与する態度を養うようにすること。

新設
災害に関する基礎的な理解を図ることが明記された。

(4) **天気，川，土地などの指導に当たっては，災害に関する基礎的な理解が図られるようにすること。**

(5) 個々の児童が主体的に問題解決の活動を進めるとともに，日常生活や**他教科等**との関連を図った**学習活動，目的を設定し，計測して制御するという考え方に**

は，2種類以上のものづくりを行うものとする。

(2) **内容の「A 物質・エネルギー」の(4)のアの(ア)については，電気をつくりだす道具として，**手回し発電機，**光電池などを扱うものと**する。

改 訂
現行では第4学年で扱っていた光電池が第6学年に移行。

(3) 内容の「B 生命・地球」の(1)については，次のとおり取り扱うものとする。

ア **アの(ウ)**については，心臓の拍動と脈拍**と**が関係することにも触れること。

イ **アの(エ)**については，主な臓器として，肺，胃，小腸，大腸，肝臓，腎臓，心臓を扱うこと。

(4) 内容の「B 生命・地球」の(3)については，**次のとおり取り扱う**ものとする。

ア アの(ア)については，水が循環していることにも触れる**こと。**

改 訂
現行では第5学年で扱っていた水中の小さな生物が第6学年に移行。

イ アの(イ)については，水中の小さな生物を**観察し，それらが魚などの食べ物になっていることに触れる**こと。

(5) 内容の「B 生命・地球」の(4)については，次のとおり取り扱うものとする。

ア **アの(イ)**については，**流れる水の働きでできた岩石**として礫《れき》岩，砂岩，泥岩を扱うこと。

イ アの(ウ)については，自然災害についても触れること。

(6) 内容の「B 生命・地球」の(5)のア**の(ア)**については，地球から見た太陽と月との位置関係で扱うものとする。

第3 指導計画の作成と内容の取扱い

1 指導計画の作成に当たっては，次の事項に配慮するものとする。

(1) **単元など内容や時間のまとまりを見通して，その中で育む資質・能力の育成に向けて，児童の主体的・対話的で深い学びの実現を図るようにすること。その際，理科の学習過程の特質を踏まえ，理科の見方・考え方を働かせ，見通しをもって**観察，実験を行うこと**などの，問題を科学的に解決しようとする学習活動の充実を図る**こと。

新 設
各学年で示されている思考力，判断力，表現力等はあくまで主なものであることへの配慮が示された。

(2) **各学年で育成を目指す思考力，判断力，表現力等については，該当学年において育成することを目指す力**

こと。

新設
人と環境との関わりについての学習が新設された。

(ウ) **人は，環境と関わり，工夫して生活していること。**

改訂
「思考力・判断力・表現力等」の内容。

イ　生物と環境について**追究する中で**，生物と環境との**関わりについて，より妥当な考えをつくりだし，表現すること。**

(4)　土地のつくりと変化

土地のつくりと変化について，土地やその中に含まれる物**に着目して**，土地のつくりやでき方を**多面的に調べる活動を通して，次の事項を身に付けることができるよう指導**する。

改訂
「知識・技能」の内容。

ア　次のことを理解するとともに，観察，実験などに関する技能を身に付けること。

(ア)　土地は，礫《れき》，砂，泥，火山灰など**から**できており，層をつくって広がっているものがあること。**また，層には化石が含まれているものがあること。**

(イ)　地層は，流れる水の働きや火山の噴火によってでき**ること**。

(ウ)　土地は，火山の噴火や地震によって変化すること。

改訂
「思考力・判断力・表現力等」の内容。

イ　土地のつくりと変化について**追究する中で**，土地のつくり**や**でき方**について，より妥当な考えをつくりだし，表現すること。**

(5)　月と太陽

月の形の見え方について，月と太陽の位置**に着目して，それらの位置関係を多面的に調べる活動を通して，次の事項を身に付ける**ことができるよう**指導**する。

改訂
「知識・技能」の内容。

ア　次のことを理解するとともに，観察，実験などに関する技能を身に付けること。

(ア)　月の輝いている側に太陽があること。また，月の形の見え方は，太陽と月**との**位置関係によって変わること。

改訂
「思考力・判断力・表現力等」の内容。

イ　月の形の見え方について**追究する中で**，月の位置**や形と**太陽の位置**との関係について，より妥当な考えをつくりだし，表現すること。**

3　内容の取扱い

(1)　内容の「A 物質・エネルギー」の指導に当たって

関する技能を身に付けること。

(ア) 体内に酸素が取り入れられ，体外に二酸化炭素などが出されていること。

(イ) 食べ物は，口，胃，腸などを通る間に消化，吸収され，吸収されなかった物は排出されること。

(ウ) 血液は，心臓の働きで体内を巡り，養分，酸素及び二酸化炭素などを運んでいること。

(エ) 体内には，生命活動を維持するための様々な臓器があること。

改 訂
「思考力・判断力・表現力等」の内容。

イ 人や他の動物の体のつくりと働きについて**追究する中で，**体のつくりと呼吸，消化，排出及び循環の働き**について，より妥当な考えをつくりだし，表現すること。**

(2) 植物の養分と水の通り道

植物**について，その**体のつくり，体内の水などの行方**及び**葉で養分をつくる働き**に着目して，生命を維持する働きを多面的に調べる活動を通して，次の事項を身に付ける**ことができるよう**指導**する。

改 訂
「知識・技能」の内容。

ア 次のことを理解するとともに，観察，実験などに関する技能を身に付けること。

(ア) 植物の葉に日光が当たるとでんぷんができること。

(イ) 根，茎及び葉には，水の通り道があり，根から吸い上げられた水は主に葉から蒸散**により排出されること。**

改 訂
「思考力・判断力・表現力等」の内容。

イ 植物の体のつくりと働きについての**問題を追究する中で，**体のつくり，**体内の水などの行方及び葉**で養分をつくる働き**について，より妥当な考えをつくりだし，表現すること。**

(3) 生物と環境

生物と環境について，動物や植物の生活を観察したり資料を活用したり**する中で，**生物と環境との**関**わり**に着目して，それらを多面的に調べる活動を通して，次の事項を身に付ける**ことができるよう**指導**する。

改 訂
「知識・技能」の内容。

ア 次のことを理解するとともに，観察，実験などに関する技能を身に付けること。

(ア) 生物は，水及び空気を通して周囲の環境と**関**わって生きていること。

(イ) 生物の間には，食う食われるという関係がある

ているものによる性質や働きの違いについて，より妥当な考えをつくりだし，表現すること。

(3) てこの規則性

てこの規則性について，力を加える位置や**力の**大きさ**に着目して，**てこの働きを**多面的に調べる活動を通して，次の事項を身に付ける**ことができるよう**指導**する。

改 訂
「知識・技能」の内容。

ア　次のことを理解するとともに，観察，実験などに関する技能を身に付けること。

(ア) 力を加える位置や力の大きさを変えると，てこを傾ける働きが変わり，てこがつり合うときにはそれらの間に規則性があること。

(イ) 身の回りには，てこの規則性を利用した道具があること。

改 訂
「思考力・判断力・表現力等」の内容。

イ　てこの規則性について**追究する中で，**力を加える位置や**力の**大きさとてこの働き**との関係について，より妥当な考えをつくりだし，表現すること。**

(4) 電気の利用

発電や蓄電，電気の**変換**について，電気の**量**や働き**に着目して，それらを多面的に調べる活動を通して，次の事項を身に付ける**ことができるよう**指導**する。

改 訂
「知識・技能」の内容。

ア　次のことを理解するとともに，観察，実験などに関する技能を身に付けること。

(ア) 電気は，つくりだしたり蓄えたりすることができること。

(イ) 電気は，光，音，熱，運動などに変**換**することができること。

(ウ) 身の回りには，電気の性質や働きを利用した道具があること。

改 訂
「思考力・判断力・表現力等」の内容。

イ　電気の性質や働きについて**追究する中で，**電気の**量と働きとの関係，発電や蓄電，**電気の**変換について，より妥当な考えをつくりだし，表現すること。**

B　生命・地球

(1) 人の体のつくりと働き

人や他の動物**について，**体のつくりと呼吸，消化，排出及び循環の働き**に着目して，生命を維持する働きを多面的に調べる活動を通して，次の事項を身に付ける**ことができるよう**指導**する。

改 訂
「知識・技能」の内容。

ア　次のことを理解するとともに，観察，実験などに

「資質・能力」の柱①
「(2) 生命・地球」で育成を目指す「知識・技能」

の位置関係についての理解を図り，観察，実験などに関する基本的な技能を身に付けるようにする。

「資質・能力」の柱②
「(2) 生命・地球」で育成を目指す「思考力・判断力・表現力等」

改 訂
第６学年では，「主により妥当な考えをつくりだす力」が重視されている。

② 生物の体のつくりと働き，生物と環境との関わり，土地のつくりと変化，月の形の見え方と太陽との位置関係について追究する中で，主にそれらの働きや関わり，変化及び関係について，より妥当な考えをつくりだす力を養う。

「資質・能力」の柱③
「(2) 生命・地球」で育成を目指す「学びに向かう力・人間性等（主体的に学習に取り組む態度）」

③ 生物の体のつくりと働き，生物と環境との関わり，土地のつくりと変化，月の形の見え方と太陽との位置関係について追究する中で，生命を尊重する態度や主体的に問題を解決しようとする態度を養う。

改 訂
第６学年の各内容には，主に働かせたい「考え方」として「多面的に調べる」ことが示されている。

２ 内 容

Ａ 物質・エネルギー

(1) 燃焼の仕組み

燃焼の仕組みについて，空気の変化に着目して，物の燃え方を多面的に調べる活動を通して，次の事項を身に付けることができるよう指導する。

改 訂
「知識・技能」の内容。

ア 次のことを理解するとともに，観察，実験などに関する技能を身に付けること。

(ア) 植物体が燃えるときには，空気中の酸素が使われて二酸化炭素ができること。

改 訂
「思考力・判断力・表現力等」の内容。

イ 燃焼の仕組みについて追究する中で，物が燃えたときの空気の変化について，より妥当な考えをつくりだし，表現すること。

(2) 水溶液の性質

水溶液について，溶けている物に着目して，それらによる水溶液の性質や働きの違いを多面的に調べる活動を通して，次の事項を身に付けることができるよう指導する。

改 訂
「知識・技能」の内容。

ア 次のことを理解するとともに，観察，実験などに関する技能を身に付けること。

(ア) 水溶液には，酸性，アルカリ性及び中性のものがあること。

(イ) 水溶液には，気体が溶けているものがあること。

(ウ) 水溶液には，金属を変化させるものがあること。

改 訂
「思考力・判断力・表現力等」の内容。

イ 水溶液の性質や働きについて追究する中で，溶け

や仮説を基に，解決の方法を発想し，表現すること。

3　内容の取扱い

(1)　内容の「A 物質・エネルギー」の指導に当たっては，２種類以上のものづくりを行うものとする。

新設
現行では中学校１年で扱っていた水溶液の均一性が移行。

(2)　**内容の「A 物質・エネルギー」の(1)については，水溶液の中では，溶けている物が均一に広がることにも触れること。**

(3)　内容の「B 生命・地球」の(1)については，次のとおり取り扱うものとする。

ア　アの(ア)**の**「種子の中の養分」については，でんぷんを扱うこと。

イ　**アの(エ)**については，おしべ，めしべ，がく及び花びらを扱うこと。また，受粉については，風や昆虫などが関係していることにも触れること。

(4)　内容の「B 生命・地球」の(2)の**アの(イ)**については，**人の**受精に至る過程は取り扱わないものとする。

新設
「自然災害についても触れること」が明記された。

(5)　**内容の「B 生命・地球」の(3)のアの(ウ)については，自然災害についても触れること。**

(6)　内容の「B 生命・地球」の(4)の**アの(イ)**については，台風の進路による天気の変化や台風と降雨との関係**及びそれに伴う自然災害**についても触れる**こと。**

〔第６学年〕

1　目　標

(1)　**物質・エネルギー**

「資質・能力」の柱①
「(1)　物質・エネルギー」で育成を目指す「知識・技能」

①　燃焼**の仕組み**，水溶液**の性質**，てこ**の規則性**及び電気の性質や**働き**について**の理解を図り，観察，実験などに関する基本的な技能を身に付けるようにする。**

「資質・能力」の柱②
「(1)　物質・エネルギー」で育成を目指す「思考力・判断力・表現力等」

改訂
第６学年では，「主により妥当な考えをつくりだす力」が重視されている。

②　燃焼**の仕組み**，水溶液**の性質**，てこ**の規則性**及び電気の性質や**働き**について**追究する中で，主にそれらの仕組みや**性質，規則性**及び働きについて，より妥当な考えをつくりだす力**を養う。

「資質・能力」の柱③
「(1)　物質・エネルギー」で育成を目指す「学びに向かう力・人間性等（主体的に学習に取り組む態度）」

③　燃焼**の仕組み**，水溶液**の性質**，てこ**の規則性**及び電気の性質や**働き**について**追究する中で，主体的に問題解決しようとする態度**を養う。

(2)　**生命・地球**

①　生物の体のつくりと働き，生物と環境との**関わ**り，土地のつくりと変化，月**の形の見え方**と太陽**と**

改訂
「知識・技能」の内容。

ア　**次のことを理解するとともに，観察，実験などに関する技能を身に付けること。**

(ア)　魚には雌雄があり，生まれた卵は日がたつにつれて中の様子が変化してかえること。

(イ)　人は，母体内で成長して生まれること。

改訂
「思考力・判断力・表現力等」の内容。

イ　動物の発生や成長について**追究する中で**，動物の発生や成長**の様子と経過についての予想や仮説を基に，解決の方法を発想し，表現すること。**

(3)　流れる水の働き**と土地の変化**

流れる水の働きと土地の変化について，水の速さや量に**着目して，それらの条件を制御しながら調べる活動を通して，次の事項を身に付けることができるよう指導する。**

改訂
「知識・技能」の内容。

ア　**次のことを理解するとともに，観察，実験などに関する技能を身に付けること。**

(ア)　流れる水には，土地を侵食したり，石や土などを運搬したり堆積させたりする働きがあること。

(イ)　川の上流と下流によって，川原の石の大きさや形に違いがあること。

(ウ)　雨の降り方によって，流れる水の量や速さは変わり，増水により土地の様子が大きく変化する場合があること。

改訂
「思考力・判断力・表現力等」の内容。

イ　流れる水の働きについて**追究する中で**，流れる水の働きと土地の変化**と**の関係についての**予想や仮説を基に，解決の方法を発想し，表現すること。**

(4)　天気の変化

天気の変化の仕方について，雲の**様子を観測したり**，映像などの**気象**情報を活用したり**する中で**，雲の**量や**動き**に着目して，それらと**天気の変化**とを関係付けて調べる活動を通して，次の事項を身に付ける**ことができるよう**指導**する。

改訂
「知識・技能」の内容。

ア　**次のことを理解するとともに，観察，実験などに関する技能を身に付けること。**

(ア)　天気の変化は，雲の量や動きと関係があること。

(イ)　天気の変化は，映像などの気象情報を用いて予想できること。

改訂
「思考力・判断力・表現力等」の内容。

イ　天気の変化の仕方について**追究する中で**，天気の変化の仕方**と**雲の**量や**動き**との関係についての予想**

ながら調べる活動を通して，次の事項を身に付けることができるよう指導する。

改訂
「知識・技能」の内容。

ア　次のことを理解するとともに，観察，実験などに関する技能を身に付けること。

(ア)　電流の流れているコイルは，鉄心を磁化する働きがあり，電流の向きが変わると，電磁石の極も変わること。

(イ)　電磁石の強さは，電流の大きさや導線の巻数によって変わること。

改訂
「思考力・判断力・表現力等」の内容。

イ　電流がつくる磁力について追究する中で，電流がつくる磁力の強さに関係する条件についての予想や仮説を基に，解決の方法を発想し，表現すること。

B　生命・地球

(1)　植物の発芽，成長，結実

植物の育ち方について，発芽，成長及び結実の様子に着目して，それらに関わる条件を制御しながら調べる活動を通して，次の事項を身に付けることができるよう指導する。

改訂
「知識・技能」の内容。

ア　次のことを理解するとともに，観察，実験などに関する技能を身に付けること。

(ア)　植物は，種子の中の養分を基にして発芽すること。

(イ)　植物の発芽には，水，空気及び温度が関係していること。

(ウ)　植物の成長には，日光や肥料などが関係していること。

(エ)　花にはおしべやめしべなどがあり，花粉がめしべの先に付くとめしべのもとが実になり，実の中に種子ができること。

改訂
「思考力・判断力・表現力等」の内容。

イ　植物の育ち方について追究する中で，植物の発芽，成長及び結実とそれらに関わる条件についての予想や仮説を基に，解決の方法を発想し，表現すること。

(2)　動物の誕生

動物の発生や成長について，魚を育てたり人の発生についての資料を活用したりする中で，卵や胎児の様子に着目して，時間の経過と関係付けて調べる活動を通して，次の事項を身に付けることができるよう指導する。

「資質・能力」の柱②
「(2) 生命・地球」で育成を目指す「思考力・判断力・表現力等」

改 訂
第５学年では，「主に予想や仮説を基に，解決の方法を発想する力」が重視されている。

「資質・能力」の柱③
「(2) 生命・地球」で育成を目指す「学びに向かう力・人間性等（主体的に学習に取り組む態度）」

改 訂
第５学年の各内容には，主に働かせたい「考え方」として「条件制御」が示されている。

改 訂
「知識・技能」の内容。

改 訂
「思考力・判断力・表現力等」の内容。

改 訂
「知識・技能」の内容。

改 訂
「思考力・判断力・表現力等」の内容。

解決の方法を発想する力を養う。

③ 生命の連続性，**流れる**水の働き，気象現象の規則性について**追究する中で**，生命を尊重する態度**や主体的に問題解決しようとする態度**を養う。

2 内 容

A 物質・エネルギー

(1) 物の溶け方

物の溶け方について，**溶ける量や様子に着目して，**水の温度や量**などの条件を制御しながら調べる活動を通して，次の事項を身に付ける**ことができるよう**指導**する。

ア 次のことを理解するとともに，観察，実験などに関する技能を身に付けること。

(ア) 物が水に溶けても，水と物とを合わせた重さは変わらないこと。

(イ) 物が水に溶ける量には，限度があること。

(ウ) 物が水に溶ける量は水の温度や量，溶ける物によって違うこと。また，この性質を利用して，溶けている物を取り出すことができること。

イ 物の溶け方について**追究する中で，**物の溶け方の規則性**についての予想や仮説を基に，解決の方法を発想し，表現すること。**

(2) 振り子の運動

振り子の運動の規則性について，**振り子**が１往復する時間**に着目して，**おもりの重さや**振り子の**長さなど**の条件を制御しながら調べる活動を通して，次の事項を身に付ける**ことができるよう**指導**する。

ア 次のことを理解するとともに，観察，実験などに関する技能を身に付けること。

(ア) **振り子**が１往復する時間は，おもりの重さなどによっては変わらないが，**振り子**の長さによって変わること。

イ 振り子の運動の規則性について**追究する中で，振り子**が１往復する時間**に関係する条件についての予想や仮説を基に，解決の方法を発想し，表現すること。**

(3) 電流**がつくる磁力**

電流**がつくる磁力**について，**電流の大きさや向き，コイルの巻数などに着目して，それらの条件を制御し**

改 訂
「知識・技能」の内容。

ア **次のことを理解するとともに，観察，実験などに関する技能を身に付けること。**

(ア) 月は日によって形が変わって見え，1日のうちでも時刻によって位置が変わること。

(イ) 空には，明るさや色の違う星があること。

(ウ) 星の集まりは，1日のうちでも時刻によって，並び方は変わらないが，位置が変わること。

改 訂
「思考力・判断力・表現力等」の内容。

イ 月や星の特徴について**追究する中で，既習の内容や生活経験を基に，**月や星の**位置の変化と時間の経過との関係について，根拠のある予想や仮説を発想し，表現すること。**

3 内容の取扱い

(1) 内容の「A 物質・エネルギー」の(3)のア**の(ア)**については，直列つなぎと並列つなぎを扱うものとする。

(2) 内容の「A 物質・エネルギー」の指導に当たっては，2種類以上のものづくりを行うものとする。

(3) 内容の「B 生命・地球」の(1)の**アの(イ)**については，関節の働きを扱うものとする。

(4) 内容の「B 生命・地球」の(2)については，1年を通じて動物の活動や植物の成長をそれぞれ2種類以上観察するものとする。

〔第5学年〕

1 目 標

(1) **物質・エネルギー**

「資質・能力」の柱①
「(1) 物質・エネルギー」で育成を目指す「知識・技能」

① 物の溶け方，振り子の運動，電流**がつくる**磁力に**ついての理解を図り，観察，実験などに関する基本的な技能を身に付けるようにする。**

「資質・能力」の柱②
「(1) 物質・エネルギー」で育成を目指す「思考力・判断力・表現力等」

改 訂
第5学年では，「主に予想や仮説を基に，解決の方法を発想する力」が重視されている。

② 物の溶け方，振り子の運動，電流**がつくる**磁力に**ついて**追究**する中で，主に予想や仮説を基に，解決の方法を発想する力**を養う。

「資質・能力」の柱③
「(1) 物質・エネルギー」で育成を目指す「学びに向かう力・人間性等（主体的に学習に取り組む態度）」

③ 物の溶け方，振り子の運動，電流**がつくる**磁力に**ついて追究する中で，主体的に問題解決しようとする態度**を養う。

(2) **生命・地球**

「資質・能力」の柱①
「(2) 生命・地球」で育成を目指す「知識・技能」

① 生命の連続性，流れ**る**水の働き，気象現象の規則性についての**理解を図り，観察，実験などに関する基本的な技能を身に付けるようにする。**

② 生命の連続性，流れ**る**水の働き，気象現象の規則性について追究**する中で，主に予想や仮説を基に，**

物の成長の変化について，根拠のある予想や仮説を発想し，表現すること。

新規
第５学年「流れる水の働きと土地の変化」，第６学年「土地のつくりと変化」へのつながりが意図されている。

(3) 雨水の行方と地面の様子

雨水の行方と地面の様子について，流れ方やしみ込み方に着目して，それらと地面の傾きや土の粒の大きさとを関係付けて調べる活動を通して，次の事項を身に付けることができるよう指導する。

ア 次のことを理解するとともに，観察，実験などに関する技能を身に付けること。

(ア) 水は，高い場所から低い場所へと流れて集まること。

(イ) 水のしみ込み方は，土の粒の大きさによって違いがあること。

イ 雨水の行方と地面の様子について追究する中で，既習の内容や生活経験を基に，雨水の流れ方やしみ込み方と地面の傾きや土の粒の大きさとの関係について，根拠のある予想や仮説を発想し，表現すること。

(4) 天気の様子

天気や自然界の水の様子について，気温や水の行方に着目して，それらと天気の様子や水の状態変化とを関係付けて調べる活動を通して，次の事項を身に付けることができるよう指導する。

改訂
「知識・技能」の内容。

ア 次のことを理解するとともに，観察，実験などに関する技能を身に付けること。

(ア) 天気によって１日の気温の変化の仕方に違いがあること。

(イ) 水は，水面や地面などから蒸発し，水蒸気になって空気中に含まれていくこと。また，空気中の水蒸気は，結露して再び水になって現れることがあること。

改訂
「思考力・判断力・表現力等」の内容。

イ 天気や自然界の水の様子について追究する中で，既習の内容や生活経験を基に，天気の様子や水の状態変化と気温や水の行方との関係について，根拠のある予想や仮説を発想し，表現すること。

(5) 月と星

月や星の特徴について，位置の変化や時間の経過に着目して，それらを関係付けて調べる活動を通して，次の事項を身に付けることができるよう指導する。

につないだ物の様子に着目して，それらを関係付けて調べる活動を通して，次の事項を身に付けることができるよう**指導**する。

改 訂
「知識・技能」の内容。

ア　次のことを理解するとともに，観察，実験などに関する技能を身に付けること。

(ア)　乾電池の数やつなぎ方を変えると，**電流の大きさや向きが変わり，**豆電球の明るさやモーターの回り方が変わること。

改 訂
「思考力・判断力・表現力等」の内容。

イ　電流の働きについて**追究する中で，既習の内容や生活経験を基に，電流の大きさや向きと乾電池につないだ物の様子との関係について，根拠のある予想や仮説を発想し，表現すること。**

B　生命・地球

(1)　人の体のつくりと運動

人や他の動物**について，**骨や筋肉の**つくりと働きに着目して，それらを関係付けて**調べる**活動を通して，次の事項を身に付ける**ことができるよう**指導**する。

改 訂
「知識・技能」の内容。

ア　次のことを理解するとともに，観察，実験などに関する技能を身に付けること。

(ア)　人の体には骨と筋肉があること。

(イ)　人が体を動かすことができるのは，骨，筋肉の働きによること。

改 訂
「思考力・判断力・表現力等」の内容。

イ　人や他の動物**について追究する中で，既習の内容や生活経験を基に，**人や他の動物の骨や筋肉の**つくりと働きについて，根拠のある予想や仮説を発想し，表現すること。**

(2)　季節と生物

身近な動物や植物**について，**探したり育てたりする**中で，**動物の活動や植物の成長**と季節の変化に着目して，それらを関係付けて**調べる**活動を通して，次の事項を身に付ける**ことができるよう**指導**する。

改 訂
「知識・技能」の内容。

ア　次のことを理解するとともに，観察，実験などに関する技能を身に付けること。

(ア)　動物の活動は，暖かい季節，寒い季節などによって違いがあること。

(イ)　植物の成長は，暖かい季節，寒い季節などによって違いがあること。

改 訂
「思考力・判断力・表現力等」の内容。

イ　身近な動物や植物について追究する中で，既習の内容や生活経験を基に，季節ごとの動物の活動や植

「(2) 生命・地球」で育成を目指す「学びに向かう力・人間性等（主体的に学習に取り組む態度）」

改 訂
第４学年の各内容には，主に働かせたい「考え方」として「関係付け」が示されている。

2 内 容

A 物質・エネルギー

(1) 空気と水の性質

空気と水の性質について，体積や圧《お》し返す力の変化**に着目して，それらと圧す力とを関係付けて調べる活動を通して，次の事項を身に付ける**ことができるよう**指導**する。

改 訂
「知識・技能」の内容。

ア 次のことを理解するとともに，観察，実験などに関する技能を身に付けること。

(ア) 閉じ込めた空気を圧《お》すと，体積は小さくなるが，圧《お》し返す力は大きくなること。

(イ) 閉じ込めた空気は圧《お》し縮められるが，水は圧《お》し縮められないこと。

改 訂
「思考力・判断力・表現力等」の内容。

イ 空気と水の性質について**追究する中で，既習の内容や生活経験を基に，空気と水の体積や**圧《お》し返す力の変化**と**圧《お》**す力との関係について，根拠のある予想や仮説を発想し，表現すること。**

(2) 金属，水，空気と温度

金属，水及び空気の性質について，**体積や状態の変化，熱の伝わり方に着目して，それらと温度の変化とを関係付けて調べる活動を通して，次の事項を身に付ける**ことができるよう**指導**する。

改 訂
「知識・技能」の内容。

ア 次のことを理解するとともに，観察，実験などに関する技能を身に付けること。

改 訂
体積の変化に関して，「その程度には違いがあること」が追記された。

(ア) 金属，水及び空気は，温めたり冷やしたりすると，それらの体積が変わる**が，その程度には違いがあること。**

(イ) 金属は熱せられた部分から順に温まるが，水や空気は熱せられた部分が移動して全体が温まること。

(ウ) 水は，温度によって水蒸気や氷に変わること。また，水が氷になると体積が増えること。

改 訂
「思考力・判断力・表現力等」の内容。

イ 金属，水及び空気の性質について**追究する中で，既習の内容や生活経験を基に，金属，水及び空気の温度を変化させたときの体積や状態の変化，熱の伝わり方について，根拠のある予想や仮説を発想し，表現すること。**

改 訂
「電気の働き」から「電流の働き」に変更。

(3) 電流の働き

電流の働きについて，**電流の大きさや向きと乾電池**

ては，**磁石が物を引き付ける力は，磁石と物の距離によって変わることにも触れること。**

(3) 内容の「B生命・地球」の(1)については，次のとおり取り扱うものとする。

ア **アの**(イ)及び(ウ)については，飼育，栽培を通して行うこと。

イ **ア**の(ウ)**の**「植物の育ち方」については，夏生一年生の双子葉植物を扱うこと。

(4) 内容の「B生命・地球」の(2)のアの(ア)**の**「太陽の**位置の変化**」については，東から南，西**へと変化すること**を取り扱うものとする。また，太陽の**位置**を調べるときの方位は東，西，南，北を扱うものとする。

〔第4学年〕

1 目 標

(1) **物質・エネルギー**

① 空気，水**及び金属**の性質，電流の働きについて**の理解を図り，観察，実験などに関する基本的な技能を身に付けるようにする。**

② 空気，水**及び金属**の性質，電流の働きについて追究**する中で，主に既習の内容や生活経験を基に，根拠のある予想や仮説を発想する力**を養う。

③ 空気，水**及び金属**の性質，電流の働きについて追究**する中で，主体的に問題解決しようとする態度**を養う。

(2) **生命・地球**

① 人の体のつくりと運動，動物の活動や植物の成長と環境との**関わり**，**雨水の行方と地面の様子**，気象現象，月や星について**の理解を図り，観察，実験などに関する基本的な技能を身に付けるようにする。**

② 人の体のつくりと運動，動物の活動や植物の成長と環境との**関わり**，**雨水の行方と地面の様子**，気象現象，月や星について追究する**中で，主に既習の内容や生活経験を基に，根拠のある予想や仮説を発想する力**を養う。

③ 人の体のつくりと運動，動物の活動や植物の成長と環境との**関わり**，**雨水の行方と地面の様子**，気象現象，月や星について追究する**中で**，生物を愛護する態度**や主体的に問題解決しようとする態度**を養う。

「資質・能力」の柱①
「(1) 物質・エネルギー」で育成を目指す「知識・技能」

「資質・能力」の柱②
「(1) 物質・エネルギー」で育成を目指す「思考力・判断力・表現力等」

改 訂
第4学年では「主に既習の内容や生活経験を基に，根拠のある予想や仮説を発想する力」が重視されている。

「資質・能力」の柱③
「(1) 物質・エネルギー」で育成を目指す「学びに向かう力・人間性等（主体的に学習に取り組む態度）」

「資質・能力」の柱①
「(2) 生命・地球」で育成を目指す「知識・技能」

「資質・能力」の柱②
「(2) 生命・地球」で育成を目指す「思考力・判断力・表現力等」

改 訂
第4学年では「主に既習の内容や生活経験を基に，根拠のある予想や仮説を発想する力」が重視されている。

「資質・能力」の柱③

B　生命・地球

(1)　**身の回りの生物**

身の回りの生物**について，探したり育てたりする中で，それらの様子や**周辺の環境，**成長の過程や体のつくりに着目して，それらを比較しながら**調べる**活動を通して，次の事項を身に付ける**ことができるよう**指導**する。

改 訂
「知識・技能」の内容。

ア　次のことを理解するとともに，観察，実験などに関する技能を身に付けること。

改 訂
(ア)には，現行の「身近な自然の観察」を，(イ)(ウ)には現行の「昆虫と植物」を含み入れる形で整理された。

(ア)　生物は，色，形，大きさなど，姿に**違いがある**こと。**また，**周辺の環境と**関**わって生きていること。

(イ)　昆虫の育ち方には一定の順序がある**こと。また，**成虫の体は頭，胸及び腹からできていること。

(ウ)　植物の育ち方には一定の順序がある**こと。また，**その体は根，茎及び葉からできていること。

改 訂
「思考力・判断力・表現力等」の内容。

イ　身の回りの生物の様子**について追究する中で，差異点や共通点を基に，身の回りの生物と**環境**との**関**わり，昆虫や植物の成長のきまりや体のつくりについての問題を見いだし，表現すること。**

(2)　太陽と地面の様子

太陽と地面の様子との関係について，日なたと日陰の様子**に着目して，それらを比較しながら**調べる**活動を通して，次の事項を身に付けることができるよう指**導する。

改 訂
「知識・技能」の内容。

ア　次のことを理解するとともに，観察，実験などに関する技能を身に付けること。

(ア)　日陰は太陽の光を遮るとでき，日陰の位置は太陽の**位置の変化**によって変わること。

(イ)　地面は太陽によって暖められ，日なたと日陰では地面の暖かさや湿り気に違いがあること。

改 訂
「思考力・判断力・表現力等」の内容。

イ　日なたと日陰の様子**について追究する中で，差異点や共通点を基に，**太陽と地面の様子との関係について**の問題を見いだし，表現すること。**

3　内容の取扱い

(1)　内容の「A 物質・エネルギー」の指導に当たっては，3種類以上のものづくりを行うものとする。

新 設

(2)　内容の「A 物質・エネルギー」の(4)のアの(ア)につい

と。

(イ) 物に日光を当てると，物の明るさや暖かさが変わること。

新設
第３学年において，音の性質に関する内容が新設された。

(ウ) 物から音が出たり伝わったりするとき，物は震えていること。また，音の大きさが変わるとき物の震え方が変わること。

改訂
「思考力・判断力・表現力等」の内容。

イ 光を当てたときの明るさや暖かさ**の様子，音を出したときの震え方の様子について追究する中で，差異点や共通点を基に，**光と音の性質についての**問題を見いだし，表現すること。**

(4) 磁石の性質

磁石の性質について，**磁石を身の回りの物に近付けたときの様子に着目して，それらを比較しながら**調べ**る活動を通して，次の事項を身に付ける**ことができるよう**指導**する。

改訂
「知識・技能」の内容。

ア 次のことを理解するとともに，観察，実験などに関する技能を身に付けること。

(ア) 磁石に引き付けられる物と引き付けられない物があること。また，磁石に近付けると磁石になる物があること。

(イ) 磁石の異極は引き合い，同極は退け合うこと。

改訂
「思考力・判断力・表現力等」の内容。

イ 磁石を身の回りの物に近付けたときの様子について追究する中で，差異点や共通点を基に，磁石の性質についての**問題を見いだし，表現すること。**

(5) 電気の通り道

電気の回路について，乾電池と豆電球など**のつなぎ方と乾電池につないだ物の様子に着目して，**電気を通**すときと通さないときの**つなぎ方を**比較しながら**調べ**る活動を通して，次の事項を身に付ける**ことができるよう**指導**する。

改訂
「知識・技能」の内容。

ア 次のことを理解するとともに，観察，実験などに関する技能を身に付けること。

(ア) 電気を通すつなぎ方と通さないつなぎ方があること。

(イ) 電気を通す物と通さない物があること。

改訂
「思考力・判断力・表現力等」の内容。

イ 乾電池と豆電球などのつなぎ方と**乾電池につないだ物の様子について追究する中で，差異点や共通点を基に，**電気の回路についての**問題を見いだし，表現すること。**

や共通点を基に，問題を見いだす力」が重視されている。

「資質・能力」の柱③
「(2) 生命・地球」で育成を目指す「学びに向かう力・人間性等（主体的に学習に取り組む態度）」

改 訂
第３学年の各内容には，主に働かせたい「考え方」として「比較」が示されている。

改 訂
「知識・技能」の内容。

改 訂
「思考力・判断力・表現力等」の内容。

改 訂
「知識・技能」の内容。

改 訂
「風の力の大きさを変えると，物が動く様子も変わること」が追記された。

改 訂
「ゴムの力の大きさを変えると，物が動く様子も変わること」が追記された。

改 訂
「思考力・判断力・表現力等」の内容。

改 訂
「知識・技能」の内容。

２ 内 容

Ａ 物質・エネルギー

(1) 物と重さ

物の性質について，**形や体積に着目して，**重さを**比較しながら調べる活動を通して，次の事項を身に付けることができるよう指導する。**

ア 次のことを理解するとともに，観察，実験などに関する技能を身に付けること。

(ア) 物は，形が変わっても重さは変わらないこと。

(イ) 物は，体積が同じでも重さは違うことがあること。

イ 物の形や体積と重さとの関係について追究する中で，差異点や共通点を基に，物の性質についての**問題を見いだし，表現すること。**

(2) 風とゴムの力の働き

風とゴムの力の働きについて，**力と物の動く様子に着目して，それらを比較しながら調べる活動を通して，次の事項を身に付ける**ことができるよう**指導す**る。

ア 次のことを理解するとともに，観察，実験などに関する技能を身に付けること。

(ア) 風の力は，物を動かすことができること。ま**た，風の力の大きさを変えると，物が動く様子も変わること。**

(イ) ゴムの力は，物を動かすことができること。ま**た，ゴムの力の大きさを変えると，物が動く様子も変わること。**

イ 風とゴムの力で物が動く様子**について追究する中で，差異点や共通点を基に，**風とゴムの力の働きについての**問題を見いだし，表現すること。**

(3) 光と音の性質

光と音の性質について，**光を当て**たときの明るさや暖かさ，**音を出したときの震え方に着目して，光の強さや音の大きさを変えたときの違いを比較しながら**調**べる活動を通して，次の事項を身に付ける**ことができるよう**指導**する。

ア 次のことを理解するとともに，観察，実験などに関する技能を身に付けること。

(ア) 日光は**直進**し，集めたり反射させたりできるこ

第１　目　標

自然に親しみ，理科の見方・考え方を働かせ，見通しをもって観察，実験を行うことなどを通して，自然の事物・現象についての問題を科学的に解決するために必要な資質・能力を次のとおり育成することを目指す。

（1）自然の事物・現象についての理解を図り，観察，実験などに関する基本的な技能を身に付けるようにする。

（2）観察，実験などを行い，問題解決の力を養う。

（3）自然を愛する心情や主体的に問題解決しようとする態度を養う。

第２　各学年の目標及び内容

〔第３学年〕

１　目　標

（1）物質・エネルギー

①　物の性質，風とゴムの力の働き，光と音の性質，磁石の性質及び電気の回路についての理解を図り，観察，実験などに関する基本的な技能を身に付けるようにする。

②　物の性質，風とゴムの力の働き，光と音の性質，磁石の性質及び電気の回路について追究する中で，主に差異点や共通点を基に，問題を見いだす力を養う。

③　物の性質，風とゴムの力の働き，光と音の性質，磁石の性質及び電気の回路について追究する中で，主体的に問題解決しようとする態度を養う。

（2）生命・地球

①　身の回りの生物，太陽と地面の様子についての理解を図り，観察，実験などに関する基本的な技能を身に付けるようにする。

②　身の回りの生物，太陽と地面の様子について追究する中で，主に差異点や共通点を基に，問題を見いだす力を養う。

③　身の回りの生物，太陽と地面の様子について追究する中で，生物を愛護する態度や主体的に問題解決しようとする態度を養う。

現行では「科学的な見方や考え方」を養うことを教科目標とし，資質・能力を含む概念として示されていたが，新学習指導要領において「理科の見方・考え方」は資質・能力を育成する過程で働く，物事を捉える視点や考え方として整理された。

「資質・能力」の柱①
理科において育成を目指す「知識・技能」

「資質・能力」の柱②
理科において育成を目指す「思考力・判断力・表現力等」

「資質・能力」の柱③
理科において育成を目指す「学びに向かう力・人間性等（主体的に学習に取り組む態度）」

「資質・能力」の柱①
「(1)　物質・エネルギー」で育成を目指す「知識・技能」

「資質・能力」の柱②
「(1)　物質・エネルギー」で育成を目指す「思考力・判断力・表現力等」

改　訂
第３学年では，「主に差異点や共通点を基に，問題を見いだす力」が重視されている。

「資質・能力」の柱③
「(1)　物質・エネルギー」で育成を目指す「学びに向かう力・人間性等（主体的に学習に取り組む態度）」

「資質・能力」の柱①
「(2)　生命・地球」で育成を目指す「知識・技能」

「資質・能力」の柱②
「(2)　生命・地球」で育成を目指す「思考力・判断力・表現力等」

改　訂
第３学年では，「主に差異点

付録の読み方

■改訂箇所の強調表示

平成20年版の小学校学習指導要領の文言と比較して表記が変更された箇所のうち，今次学習指導要領の目玉となっている重要用語等を中心に太字で強調表示した。

■吹き出しコメント

今次の改訂は，①「育成を目指す資質・能力」に沿って整理された事項，②社会の要請に添う形で新たに設けられた事項，③領域等の区分の再構成に関わる改訂事項の三つに大きく集約できる。そこで，これらの改訂事項ごとに吹き出しコメントを付け，どのような改訂であったのかを具体的に明記した。

図３　思考力，判断力，表現力等及び学びに向かう力，人間性等に関する学習指導要領の主な記載

校種	資質・能力	学年	エネルギー	粒子	生命	地球
小学校	思考力、判断力、表現力等	第3学年	（比較しながら調べる活動を通して） 自然の事物・現象について追究する中で，差異点や共通点を基に，問題を見いだし，表現すること。			
		第4学年	（関係付けて調べる活動を通して） 自然の事物・現象について追究する中で，既習の内容や生活経験を基に，根拠のある予想や仮説を発想し，表現すること。			
		第5学年	（条件を制御しながら調べる活動を通して） 自然の事物・現象について追究する中で，予想や仮説を基に，解決の方法を発想し，表現すること。			
		第6学年	（多面的に調べる活動を通して） 自然の事物・現象について追究する中で，より妥当な考えをつくりだし，表現すること。			
	学びに向かう力、人間性等		主体的に問題解決しようとする態度を養う。			
					生物を愛護する（生命を尊重する）態度を養う。	

※各学年で育成を目指す思考力，判断力，表現力等については，該当学年において育成することを目指す力のうち，主なものを示したものであり，他の学年で掲げている力の育成についても十分に配慮すること。

校種	資質・能力	学年	エネルギー	粒子	生命	地球
中学校	思考力、判断力、表現力等	第1学年	問題を見いだし見通しをもって観察，実験などを行い，【規則性，関係性，共通点や相違点，分類するための観点や基準】を見いだして表現すること。			
		第2学年	見通しをもって解決する方法を立案して観察，実験などを行い，その結果を分析して解釈し，【規則性や関係性】を見いだして表現すること。			
		第3学年	見通しをもって観察，実験などを行い，その結果（や資料）を分析して解釈し，【特徴，規則性，関係性】を見いだし表現すること。また，探究の過程を振り返ること。			
			見通しをもって観察，実験などを行い，その結果を分析して解釈するとともに，自然環境の保全と科学技術の利用の在り方について，科学的に考察して判断すること。		観察，実験などを行い，自然環境の保全と科学技術の利用の在り方について，科学的に考察して判断すること。	
	学びに向かう力、人間性等		【第１分野】 物質やエネルギーに関する事物・現象に進んで関わり，科学的に探究しようとする態度を養う。		【第２分野】 生命や地球に関する事物・現象に進んで関わり，科学的に探究しようとする態度， 生命を尊重し，自然保護の保全に寄与する態度を養う。	

※内容の（1）から（7）までについては，それぞれのアに示す知識及び技能とイに示す思考力，判断力，表現力等とを相互に関連させながら，３年間を通じて科学的に探究するために必要な資質・能力の育成を目指すものとする。

実線は新規項目。破線は移行項目。

校種	学年	地球 地球の内部と地表面の変動	地球 地球の大気と水の循環	地球 地球と天体の運動
小学校	第3学年			**太陽と地面の様子** ・日陰の位置と太陽の位置の変化 ・地面の暖かさや湿り気の違い
小学校	第4学年	**雨水の行方と地面の様子** ・地面の傾きによる水の流れ ・土の粒の大きさと水のしみ込み方	**天気の様子** ・天気による１日の気温の変化 ・水の自然蒸発と結露	**月と星** ・月の形と位置の変化 ・星の明るさ，色 ・星の位置の変化
小学校	第5学年	**流れる水の働きと土地の変化** ・流れる水の働き ・川の上流・下流と川原の石 ・雨の降り方と増水	**天気の変化** ・雲と天気の変化 ・天気の変化の予想	
小学校	第6学年	**土地のつくりと変化** ・土地の構成物と地層の広がり（化石を含む） ・地層のでき方 ・火山の噴火や地震による土地の変化		**月と太陽** ・月の位置や形と太陽の位置
中学校	第1学年	**身近な地形や地層，岩石の観察** ・身近な地形や地層，岩石の観察 **地層の重なりと過去の様子** ・地層の重なりと過去の様子 **火山と地震** ・火山活動と火成岩 ・地震の伝わり方と地球内部の働き **自然の恵みと火山災害・地震災害** ・自然の恵みと火山災害・地震災害（中3から移行）		
中学校	第2学年		**気象観測** ・気象要素（圧力（中１の第１分野から移行）を含む） ・気象観測 **天気の変化** ・霧や雲の発生 ・前線の通過と天気の変化 **日本の気象** ・日本の天気の特徴 ・大気の動きと海洋の影響 **自然の恵みと気象災害** ・自然の恵みと気象災害（中３から移行）	
中学校	第3学年			**天体の動きと地球の自転・公転** ・日周運動と自転 ・年周運動と公転 **太陽系と恒星** ・太陽の様子 ・惑星と恒星 ・月や金星の運動と見え方

図２　小学校・中学校理科の「生命」,「地球」を柱とした内容の構成

校種	学年	生命 生物の構造と機能	生命 生命の連続性	生命 生物と環境の関わり
小学校	第3学年	**身の回りの生物** ・身の回りの生物と環境との関わり ・昆虫の成長と体のつくり ・植物の成長と体のつくり		
小学校	第4学年	**人の体のつくりと運動** ・骨と筋肉 ・骨と筋肉の働き	**季節と生物** ・動物の活動と季節 ・植物の成長と季節	
小学校	第5学年		**植物の発芽，成長，結実** ・種子の中の養分 ・発芽の条件 ・成長の条件 ・植物の受粉，結実 **動物の誕生** ・卵の中の成長 ・母体内の成長	
小学校	第6学年	**人の体のつくりと働き** ・呼吸 ・消化・吸収 ・血液循環 ・主な臓器の存在 **植物の養分と水の通り道** ・でんぷんのでき方 ・水の通り道		**生物と環境** ・生物と水，空気との関わり ・食べ物による生物の関係（水中の小さな生物（小５から移行）を含む） ・人と環境
中学校	第1学年	**生物の観察と分類の仕方** ・生物の観察 ・生物の特徴と分類の仕方 **生物の体の共通点と相違点** ・植物の体の共通点と相違点 ・動物の体の共通点と相違点（中２から移行）		
中学校	第2学年	**生物と細胞** ・生物と細胞 **植物の体のつくりと働き** ・葉・茎・根のつくりと働き（中１から移行） **動物の体のつくりと働き** ・生命を維持する働き ・刺激と反応		
中学校	第3学年		**生物の成長と殖え方** ・細胞分裂と生物の成長 ・生物の殖え方 **遺伝の規則性と遺伝子** ・遺伝の規則性と遺伝子 **生物の種類の多様性と進化** ・生物の種類の多様性と進化（中２から移行）	**生物と環境** ・自然界のつり合い ・自然環境の調査と環境保全 ・地域の自然災害 **自然環境の保全と科学技術の利用** ・自然環境の保全と科学技術の利用〈第１分野と共通〉

実線は新規項目。破線は移行項目。

校種	学年	粒子：粒子の存在	粒子：粒子の結合	粒子：粒子の保存性	粒子：粒子のもつエネルギー
小学校	第3学年			**物と重さ** ・形と重さ ・体積と重さ	
小学校	第4学年	**空気と水の性質** ・空気の圧縮 ・水の圧縮			**金属，水，空気と温度** ・温度と体積の変化 ・温まり方の違い ・水の三態変化
小学校	第5学年			**物の溶け方**（溶けている物の均一性（中1から移行）を含む） ・重さの保存 ・物が水に溶ける量の限度 ・物が水に溶ける量の変化	
小学校	第6学年	**燃焼の仕組み** ・燃焼の仕組み	**水溶液の性質** ・酸性，アルカリ性，中性 ・気体が溶けている水溶液 ・金属を変化させる水溶液		
中学校	第1学年	**物質のすがた** ・身の回りの物質とその性質 ・気体の発生と性質		**水溶液** ・水溶液	**状態変化** ・状態変化と熱 ・物質の融点と沸点
中学校	第2学年	**物質の成り立ち** ・物質の分解 ・原子・分子	**化学変化** ・化学変化 ・化学変化における酸化と還元 ・化学変化と熱 **化学変化と物質の質量** ・化学変化と質量の保存 ・質量変化の規則性		
中学校	第3学年	**水溶液とイオン** ・原子の成り立ちとイオン ・酸・アルカリ ・中和と塩 **化学変化と電池** ・金属イオン ・化学変化と電池			

図１　小学校・中学校理科の「エネルギー」,「粒子」を柱とした内容の構成

校種	学年	エネルギー エネルギーの捉え方	エネルギー エネルギーの変換と保存	エネルギー エネルギー資源の有効利用
小学校	第３学年	**風とゴムの力の働き** ・風の力の働き ・ゴムの力の働き **光と音の性質** ・光の反射・集光 ・光の当て方と明るさや暖かさ ・音の伝わり方と大小	**磁石の性質** ・磁石に引き付けられる物 ・異極と同極 **電気の通り道** ・電気を通すつなぎ方 ・電気を通す物	
小学校	第４学年		**電流の働き** ・乾電池の数とつなぎ方	
小学校	第５学年	**振り子の運動** ・振り子の運動	**電流がつくる磁力** ・鉄心の磁化，極の変化 ・電磁石の強さ	
小学校	第６学年	**てこの規則性** ・てこのつり合いの規則性 ・てこの利用	**電気の利用** ・発電（光電池（小４から移行）を含む），蓄電 ・電気の変換・電気の利用	
中学校	第１学年	**力の働き** ・力の働き（２力のつり合い（中３から移行）を含む） **光と音** ・光の反射・屈折（光の色を含む） ・凸レンズの働き ・音の性質		
中学校	第２学年	**電流** ・回路と電流・電圧 ・電流・電圧と抵抗 ・電気とそのエネルギー（電気による発熱（小６から移行）を含む） ・静電気と電流（電子，放射線を含む） **電流と磁界** ・電流がつくる磁界 ・磁界中の電流が受ける力 ・電磁誘導と発電		
中学校	第３学年	**力のつり合いと合成・分解** ・水中の物体に働く力（水圧，浮力（中１から移行）を含む） ・力の合成・分解 **運動の規則性** ・運動の速さと向き ・力と運動 **力学的エネルギー** ・仕事とエネルギー ・力学的エネルギーの保存	**エネルギーと物質** ・エネルギーとエネルギー資源（放射線を含む） ・様々な物質とその利用（プラスチック（中１から移行）を含む） ・科学技術の発展	**自然環境の保全と科学技術の利用** ・自然環境の保全と科学技術の利用〈第２分野と共通〉

おわりに

私たちは、新しい学習指導要領の趣旨を理解した上で、理科の授業を実践していただきたい、若い方や理科の経験が少ない方にもできるだけ分かりやすく伝えたいという思いで、図をふんだんに取り入れて本書の執筆に取り組んできました。

新しい学習指導要領では、知識の定着に偏ることなく、学習過程で子供がどのような考え方ができるようになったかという「考えることの育成」を大切にしています。そのため、子供がどのような手順を踏んで、何を考えていけばよいのか、教師が授業の展開について改めて考え直す必要があるのです。

例えば、第３学年で主に育成したい問題解決の力である「問題を見いだす力」を子供に求める場合、どのように授業が変わるでしょうか？　これまで問題を見いだす場面では学級全体で問題を確認するだけということが多かったでしょう。しかし、これからは（評価する必要もあるので）まずは子供一人一人に問題を見いだす機会を保障し、子供が表現したものを基に、学級全体で問題を整理・確認することになります。また、子供一人一人が問題を見いだす際に、必要とされる先行知識をもっているのか、レディネスの確認が教師に求められることになるでしょう。

このような例はほんの一部に過ぎません。時代が変われば、教育の目的も方法も変わっていきます。そしてそれに伴い、自らの授業が新しい学習指導要領に則しているのかどうか、教師自身が判断することが必要なのです。そのために、まずキーワードが意味するものを十分理解し、これまでの授業と何が違うのかを整理したいものです。

本書のようなキーワードの整理は、あくまでスタートラインに過ぎません。具体的な単元の実践に当たり、何を学ぶことが大切なのか、授業の何を変えていかなければいけないのか、検討するのはこれからです。よりよい授業のために、共に考えていきましょう。

本書の編集に当たり、東洋館出版社の上野絵美さん・高木聡さんにはイラストの提案から文言修正まで様々なアイデアをいただきました。この場をお借りして感謝いたします。

2019年１月吉日　寺本　貴啓

著者紹介

鳴川　哲也（なるかわ・てつや）

文部科学省初等中等教育局教育課程課 教科調査官
国立教育政策研究所教育課程研究センター研究開発部　教育課程調査官・学力調査官
1969年福島県生まれ。福島県の公立小学校教諭、福島大学附属小学校教諭、福島県教育センター指導主事、公立学校教頭、福島県教育庁義務教育課指導主事を経て、平成28年度より現職。
著書に『アクティブ・ラーニングを位置づけた小学校理科の授業プラン』（編著、明治図書出版、2017）がある。

山中　謙司（やまなか・けんじ）

北海道教育大学旭川校 准教授
1971年北海道生まれ。北海道教育大学大学院で学んだ後、北海道の小学校教諭、文部科学省国立教育政策研究所教育課程研究センター研究開発部学力調査官・教育課程調査官（小学校理科）を経て、現職に至る。国立教育政策研究所では、全国学力・学習状況調査の問題作成および分析、学習指導要領改訂の作業を担当。専門は、学校臨床・理科教育学。
著書に『アクティブ・ラーニングを位置づけた小学校理科の授業プラン』（編著、明治図書出版、2017）がある。

寺本　貴啓（てらもと・たかひろ）

國學院大學人間開発学部 准教授　博士（教育学）
1976年兵庫県生まれ。静岡県の小・中学校教諭を経て、広島大学大学院に学んだ後、大学教員になる。専門は、理科教育学・学習科学・教育心理学。
主な著書に『六つの要素で読み解く！小学校アクティブ・ラーニングの授業のすべて』（編著、東洋館出版社、2016）、『新学習指導要領ハンドブック 小学校編』（共著、時事通信出版局、2017）などがある。

辻　健（つじ・たけし）

筑波大学附属小学校理科教育研究部 教諭
1973年福岡県生まれ。横浜国立大学教育学部にて学位と修士を取得。専攻は理科教育学。横浜市の小学校に勤務した17年間も一貫して理科授業の研究に取り組む。特に10年間勤務した井土ヶ谷小学校では、研究主任として全国小学校理科研究協議会の全国大会、神奈川県大会の授業会場校として提案を行った。2015年より現職。日本初等理科教育研究会役員、一般社団法人日本理科教育学会『理科の教育』編集委員を務める。歌う理科教師として数々の作品を制作。代表曲に『ハマヒルガオストーリー』『石ころヒストリー』『カワウ哀歌』など。

イラスト図解で すっきりわかる理科

2019（平成 31）年 2 月 4 日　初版第 1 刷発行
2024（令和 6 ）年 4 月 12 日　初版第 8 刷発行

著　者：鳴川哲也・山中謙司・寺本貴啓・辻　健

発行者：錦織圭之介

発行所：株式会社 東洋館出版社
〒 101-0054
東京都千代田区神田錦町 2 丁目 9 番 1 号
コンフォール安田ビル 2 階
代　表　電話 03-6778-4343　FAX 03-5281-8091
営業部　電話 03-6778-7278　FAX 03-5281-8092
振　替　00180-7-96823
U R L　https://www.toyokan.co.jp

デザイン：竹内宏和（藤原印刷株式会社）
イラスト：石村ともこ
印刷・製本：藤原印刷株式会社

ISBN978-4-491-03637-3
Printed in Japan